Christa Meves
Ehe-Alphabet

Einst war die Ehe ein Hafen, aus dem einige Paare mit vollen Segeln sicher ausfuhren. Andere lagen darin vor Anker und verrosteten. Noch andere erlitten Schiffbruch an der Küste. Heute ist sie eine Fahrt auf offenem Meer, ohne jeden Hafen im Hintergrund, und jeder der beiden Partner ist zu Wachsamkeit und tiefer Verantwortung verpflichtet, wenn das Schiff überhaupt flott bleiben soll. Jede Form der Ehe kann ihren Lohn und ihre Würde in sich tragen, wenn die Menschen sich nur entschließen, sie ihr zu verleihen.

Margaret Mead

Christa Meves

CHRISTA MEVES

Ehe-Alphabet

CHRISTIANA-VERLAG
STEIN AM RHEIN

Biographische Notizen
Christa Meves, 1925, Studium der Germanistik, Geographie und Philosophie an den Universitäten Breslau und Kiel, Staatsexamen in Hamburg, dort zusätzliches Studium der Psychologie. Fachausbildung im Psychotherapeutischen Institut in Hannover und Göttingen. Freipraktizierende Kinder- und Jugendpsychotherapeutin in Uelzen. Arztfrau und Mutter zweier Töchter, sechs Enkel. 1974 Wilhelm-Bölsche-Medaille, 1976 Prix AMADE, 1978 Niedersächsischer Verdienstorden. 1979 Konrad-Adenauer-Preis der Deutschlandstiftung. 1985 Bundesverdienstkreuz erster Klasse. 1987 Konversion zum katholischen Glauben. 1995 Preis der Stiftung für Abendländische Besinnung, Zürich. 1996 Preis für Wissenschaftliche Publizistik, Würzburg.
88 Buchpublikationen, Übersetzungen in 11 Sprachen. Gesamtauflage: 4 Millionen Exemplare in deutscher Sprache.

36. Auflage 1997
© CHRISTIANA-VERLAG
CH-8260 STEIN AM RHEIN/SCHWEIZ

Alle Rechte vorbehalten
Satz und Layout: Christiana-Verlag
Druck: Bargezzi AG, Bern – Printed in Switzerland

Die Deutsche Bibliothek – CIP-Einheitsaufnahme

Meves, Christa:

Ehe-Alphabet / Christa Meves. – 36. Auflage
Stein am Rhein: Christiana-Verlag, 1997 NE: HST

ISBN 3-7171-0994-4

Inhaltsverzeichnis

Vorwort	7
Ehe-Alphabet für meine Kinder	9
Anfang und Ende aller Weisheit	12
Bereitschaft, von einem Partner zu lernen	20
Die Chance, zu vergeben und um Vergebung zu bitten	30
Durststrecken aushalten	36
Eifersucht bekämpfen	40
Freiräume für den anderen schaffen	43
Gegenseitigkeit der Ansprüche beachten (Geldfragen)	47
Hörigkeiten begegnen	54
Intoleranz abbauen – die Grenzen der Toleranz sehen	59
Ja-sagen zum Lebensrecht des Partners	62
Kinderprobleme bewußt lösen	65
Lebensqualität anstreben	72
Machtteufelchen den Garaus machen	80
Nacht- und Tagrhythmen beachten	85
Offenheit pflegen	87
Parteienbildung vermeiden	89
Querulanz bekämpfen	94
Reisen einplanen	96
Sexualität verarbeiten	99
Treue bewahren	106
Umgang mit anderen	112
Verhütungsmittel diskutieren	114
Wille zum Austragen der Konflikte	120
Zärtlichkeit schenken	124
Literaturverzeichnis	126

Meinen Kindern

Vorwort

Dieses Buch zu schreiben ergab sich aus der Situation: Ich sann auf ein Hochzeitsgeschenk für meine Kinder, so wie man eben darüber nachdenkt bei ähnlichen Anlässen: daß es etwas Bleibendes sei, ein Geschenk "fürs Leben" und etwas möglichst Persönliches, Mühevolles dazu, etwas, das durch den Charakter des "Selbstgehäkelten" ausdrückt: Ich hab' Euch lieb, ich geb' Euch ein Stück von mir selbst, von meiner Zeit, von meinem Leben. Unabhängig davon kam mir immer einmal wieder in den Sinn, daß ich meinen beiden Töchtern gern dies und jenes an Erfahrungen aus der psychotherapeutischen Praxis für ihre Ehe mitgeben würde, ohne daraus eine pathetische "Belehrung" werden zu lassen. In diese Situation fiel das Wort eines Pastors nach einem Vortrag, zu dem er mich eingeladen hatte: "Was wir brauchen", sagte er, "ist ein Ehebrevier, das wir anläßlich der Trauung den jungen Paaren mit auf den Weg geben könnten. Viele der modernen Ehebücher geben ganz brauchbare Rezepte für den Alltag und erklären auch recht gut die Hintergründe des Fehlverhaltens der Menschen; aber den meisten fehlt der religiöse Akzent und damit doch das für uns Wesentliche. Rezept und Training allein retten ja nicht vor der so häufig rasch einsetzenden Zerrüttung der Ehe. So ein Buch sollten Sie schreiben." Ich fuhr nach Hause und tat's. Die so entstandene kleine Schrift richtet sich also nicht an meine eigenen Kinder allein. Sie möchte darüber hinaus den vielen jungen Paaren, die mit dem besten Willen ihr gemeinsames Leben beginnen, in aller Bescheidenheit ein Stück Hilfe geben, damit dieser glückliche Anfang auch einen glücklichen Fortgang finde. Den Ehen der Zukunft fällt eine schwere und gänzlich neue Aufgabe zu: in der Erkenntnis der verschiedenartigen Begabungen und Interessen von Mann und Frau eine gleichwertige, eine vollgültige und damit eine menschlichere Partnerschaft zu leben. Daran ein wenig mitzuwirken war mein ganz persönlicher Wunsch beim Schreiben dieses Buches. Wie meinen Kindern sollte es allen gewidmet sein, die nicht im Üblichen, im Mittelmäßigen steckenbleiben wollen, sondern die sich auf dem Boden der Realität mit uns mühen um den Fortschritt in eine humanere Welt hinein.

Jetzt, 1997, 24 Jahre nach dem Erscheinen der ersten Auflage 1973, soll dieses Büchlein eine weitere, seine 36. Auflage erleben. In der Meves-Familie hat es sich sehr bewährt, und ebenso echot es mit der Post aus deutschen und internationalen Bereichen. Das zeigt, wie nötig orientierende Hilfe für Ehepaare in einer Zeit ist, in der die Ehe sich zunehmend mehr als gefährdet erweist. Daß die kleine Schrift weiter gute, stabilisierende Dienste leisten möge, wünsche ich von Herzen.

Uelzen, im Juli 1997 *Christa Meves*

Ehe-Alphabet für meine Kinder

Nun gehen wir alle mit Euch auf das große Fest zu, Eure Hochzeit, Antje und Gerd; das Brautkleid ist genäht, der Anzug hängt im Schrank, die Kirche wird schon festlich geschmückt, die Tafelrunde bereitet.

Gibt es noch etwas zu tun? Früher, so liest man in Romanen und Lebensbeschreibungen, pflegte eine Mutter sich in solchen Situationen zu ihrer Tochter zu setzen und den peinlichen und schwierigen Versuch zu machen, ihr Kind auf den nächtlichen Teil des Ehelebens vorzubereiten, peinlich eben deshalb, weil der Bereich des Sexuellen so sehr aus dem Leben des behüteten Töchterchens ferngehalten worden war, daß die mütterlichen Eröffnungen gewaltige Überraschung, ja sogar Entsetzen hervorriefen. Wir Mütter erleben es als eine Erleichterung, daß dergleichen bei unseren Töchtern heute nicht mehr nötig ist, weil wir sie von vornherein in dieser Hinsicht mit aufmerksamer Offenheit erzogen. Nun sind sie eben nicht mehr die verdummten Gänslein des vorigen Jahrhunderts. Sie haben eine Vorstellung von der Realität, sie erscheint ihnen nicht furchterregend, sondern natürlich und schön.

Gibt es nun heute deshalb nichts mehr zu sagen – ist es wie in den Liebesfilmen im Kino: Orgelklang, glückliches Augenleuchten, Vorhang – das Happy-End all der Aufregungen, des Vorbereitens, Suchens und Findens?

Wer heute in der psychotherapeutischen Arbeit steht, weiß nur zu genau, wie wenig trotz aller abgeschafften Prüderie Eheprobleme beseitigt worden sind, wie sehr gerade unsere Zeit deutlich macht, daß Ehe mehr bedeutet als Versorgung und die gegenseitige Befriedigung von Triebbedürfnissen und wieviel schauerliches Analphabetentum auf dem Sektor "Eheführung" es bei uns auf der ganzen Linie immer noch gibt! Nein, gewiß nicht bei Euch – Ihr seid wirklich ein ideales Brautpaar. In der Art, wie Ihr Euch liebt, wie Ihr Eure Zukunft plant, wie Ihr miteinander umgeht und Euch darin in einer langen Brautzeit geübt und auf eine innere stabile Übereinstimmung geprüft habt, liegt viel Gewähr für die Dauer Eures Glücks, das Ihr Euch ersehnt und an dem Ihr bereits mit Ernst und Mut gearbeitet habt.

Und dennoch glaube ich, daß es helfen kann, bevor man auf eine große Fahrt geht, die Wege herauszufinden und einzuplanen, die die Chance geben, das angepeilte Ziel zu erreichen. Es lohnt sich, die Klippen zu kennen, an denen tödliche Gefahren für das Eheschiff lauern. Und ich hoffe, daß Ihr mir nicht böse seid und es nicht als Einmischung empfindet, wenn ich Euch als Hochzeitsgeschenk eine Art Landkarte der guten und der schlechten Wege mitgebe, eine Art Ehe-Alphabet, um die Sprache dieses Neulandes beherrschen zu lernen. Das soll nicht heißen, daß ich Euch eine Ehe "nach meinem Geschmack" aufnötigen will, es soll nicht einmal die Erwartung provozieren, daß Ihr Euch an diese "Karte" unumgänglich halten solltet. Mein Schreiben für Euch aufgrund der vielen Erfahrungen mit "Ehekrisen", in die sich Menschen oft unnötig und unbedacht hineinmanövrieren, will nicht mehr sein als ein kleines, warmes Leuchtfeuer, zur Orientierung gedacht, wenn es irgendwann einmal dunkel oder neblig ist in Euch und um Euch – und solche Situationen sind in unser aller Leben schlechterdings unvermeidlich. Es soll Euch die Möglichkeit geben, nicht wie das erste Menschenpaar mit dem Sammeln von Erfahrungen anzufangen, sondern von denen, die vor Euch Ehen führten, zu lernen – nicht um Euch das Leben bequem zu machen, sondern damit Ihr von einem anderen Startpunkt aus die Möglichkeit habt, weiter voranzukommen in Eurer Verwirklichung als die, die vor Euch lebten.

Anfang und Ende aller Weisheit

Anfang und Ende aller Weisheit in bezug auf die Dauer des Glücks einer guten Ehe ist die Lebenseinstellung der beiden Menschen, die sie eingehen. Es ist sicher wichtig und notwendig, daß man sich gegenseitig gut schmeckt, daß man sich "riechen" kann – und dennoch, so lehrt die Erfahrung, reicht das nicht aus. Mißt man seine Zusammengehörigkeit nur an solchen Kriterien der Empfindung, so zeigt sich meist, daß sie als Basis für eine lebenslängliche Ehe nicht hinreichend tragen. Ohne ein tieferes und festeres Fundament schlagen solche Empfindungen nur allzuleicht ins Gegenteil um, dem das Paar dann hilflos ausgeliefert ist, so daß es in einen zerrüttenden Strudel gerät. Wer beschließt, gemeinsam einen *Lebensweg* zu gehen, muß eine Vorstellung davon haben, wohin er will. Viele Frauen früher wollten eben als Lebensziel nur zu *dem* geliebten Mann. Ihr Weg war dann mit der Hochzeit zu Ende; sie blieben gewissermaßen auf der Kirchenbank hocken und überließen ihren Männern die Mühsal des Weges, womit diese dann oft überfordert waren und nicht selten schließlich einfach davonrannten oder sich kopflos in irgendein Unglück stürzten. Eine Ehe führen heißt eben, sich gemeinsam durch das Leben kämpfen – aber es ist eine höchst fragwürdige Angelegenheit, wenn nur einer der beiden weiß, wohin er will, während der andere in seinem Schlepptau hängt und einfach nach dem Motto lebt: "Wo

Du hingehst, da will ich auch hingehen." Es könnte ein solcher Partner, der blind mitläuft, zu spät entdecken, daß er zu etwas geführt wird, das er im innersten Kern seiner Seele absolut nicht gutheißen kann. Am Anfang muß also bewußte Einstimmigkeit über das Ziel herrschen, über das Lebensziel, das man zu erreichen hofft.

Viele Paare heute sehen in dieser Hinsicht nur Teilziele und halten sie für das Ganze: eine Wohnung einrichten, ein Haus bauen, einige Kinder aufziehen, die berufliche Karriere des Mannes oder auch schon häufiger die der Frau anstreben, wohlhabend werden. Es ist gewiß wichtig, solche Pläne zu haben; aber aus ihrer Aufzählung geht bereits deutlich hervor: Diese Ziele sind alle zeitlich begrenzt, sie sind Etappen des Weges, niemals das eigentliche Endziel. Aus dieser Aufzählung geht darüber hinaus hervor, daß selbst Einstimmigkeit in einem der Teilziele, die man für das Ganze nimmt, nicht genügt. Setzt man sich zum Beispiel zum Ziel, so viel Geld zusammenzutragen, daß man überhaupt nicht mehr zu arbeiten braucht, so wird man bald in der ehelichen Gemeinsamkeit merken, wie wenig diese Zielsetzung die Möglichkeit in sich schließt, dauerhaft miteinander glücklich zu sein. Die Erfahrung lehrt vielmehr, daß Überdruß, Depressionen und Übellaunigkeit zu regieren beginnen, wenn man versucht, über eine lange Zeit ohne jede Tätigkeit zu leben. Aber selbst wenn man in ideologischer Begeisterung beschließt, die Revolution herbeizuführen, kommt dabei selten heraus, daß das eine Aufgabe ist, die ein Paar über Jahre in einer geistigen Gemeinschaft wirklich trägt. Gemeinsamkeit der Zerstörung führt schrecklicherweise in die Selbstzerstörung des

Paares. Nur eine Gemeinschaft mit konstruktiven Zielen ist eine dauerhafte Gemeinschaft.

Wie kommt man denn nun aber zu einer Ausrichtung auf ein konstruktives Lebensziel – und was ist das überhaupt? Sie läßt sich gewiß nur finden, wenn man sich vorher bewußt gemacht hat, daß unser Leben hier auf der Erde einen Sinn hat, daß nämlich – christlich gesprochen – jeder Mensch ein "Pfund", eine Begabung, eine Art Vorschuß mitbekommen hat und daß es zu unserer Lebensaufgabe gehört, mit diesen "Pfunden" zu wuchern, die Begabungen auszubauen, sich um ihre Entfaltung und Verwirklichung zu bemühen. Und zwar hat dies anscheinend auch nicht einfach um ihrer selbst willen zu geschehen, sondern die entfalteten Begabungen bilden das Gefäß, auf dessen Boden jeder auf seine Weise, jeder nach seinem Vermögen daran mitwirken soll, daß der Geist Gottes, der Geist des Guten, der Liebe, der Vergebungsbereitschaft, der schöpferische Geist, in der Welt wächst, damit eines Tages die zentrale Bitte des Vaterunser-Gebetes in Erfüllung gehen kann: daß Gottes Wille sich auch hier auf der Erde voll verwirklicht, daß *sein* Reich wirklich kommt.

Wir sind heute sehr weit entfernt von dieser Erfüllung – wir werden das vermutlich nicht zu unseren Lebzeiten erleben – und dennoch lohnt es sich für das eigene persönliche Leben in klarer Zielsetzung mit auf dieses Ziel hinzuwirken. Denn erstens gibt es auf diesem Weg in Hülle und Fülle zu tun, zweitens trägt eine solche Einstellung im persönlichen Bereich so reiche Früchte, daß man wohl die Erfüllung der großen Bitte im Kleinen immer wieder erleben kann, drittens bietet diese Einstellung den einzigen, den wunderbarsten Schutz gegen die wilden Krisen unseres Schicksals, und viertens gibt sie, erhaben über jeden Vergleich mit andern Möglichkeiten, die Chance für eine dauerhafte Lebenserfüllung in der Ehe. Denn diese Einstellung bewirkt, daß man sich als Paar an die Hand nimmt und auf ein Ziel zugeht, das wie ein Berggipfel in der Ferne über einem steht und das man in gemeinsamer Wanderung zu erreichen sucht. Man kreist nicht um sich selbst, um sich als einzelnen, aber auch nicht um sich als Paar, man hakt damit nicht in Eigensucht und Egoismus zu zweit fest, sondern hält den Blick gerichtet auf das überpersönliche Ziel: etwas beizutragen – gemeinsam das Bestmögliche beizutragen im Dienst an der Schöpfung, in der Arbeit für Gott. Deshalb ist die Ehe in der katholischen Kirche mit Recht ein Sakrament, eine Gemeinschaft für eine heilige Aufgabe. Und auch im Trauritual der evangelischen Kirche kommt das zum Ausdruck (dadurch, daß das Paar auf den Altar gerichtet, den Segen empfängt), daß hier nicht nur ein Vertrag zwischen zwei Menschen geschlossen wird, sondern der Bund eines Paares mit Gott.

Diese Gegebenheit klar im Bewußtsein zu haben und sich zu ihr zu bekennen, sich ihr zu unterstellen, ist das A und O, ist *die* entscheidende Voraussetzung und Gewähr für das Glück der Ehe. Wir Menschen haben so viel Destruktives, so viel Suchthaft-Egoistisches, so viel gefährlich Wuchernd-Machtgieriges in uns, daß wir, wie gerade unsere Zeit schlagend beweist, kaum hinreichend gewappnet sind für unser Leben, wenn wir es einfach ohne Überlegung und ohne eine klare Orientierung auf uns zukommen lassen. Wenn man seinen Partner liebt, erscheint es als das einfachste von der Welt, ihm nur Gutes zu tun; aber der Alltag bringt uns Enttäuschungen aneinander, die natürlicherweise Aggressionen auslösen. Nur allzuleicht geraten wir dann ohne eine feste Marschrichtung in das Feld negativer Reaktionsformen. Nach dem Motto "Wie du mir, so ich dir" kommen wir unversehens in die Teufelskreise der Rachsucht. Machen wir uns deutlich, daß wir damit in direkter Weise dem "Un-Sinn", dem Widersinn der Schöpfung dienen würden, so können wir klarer auch in Stunden des Verletztseins daran festhalten, das Gute leben zu wollen und deshalb auf Rache zu verzichten. Die Ausrichtung unseres Lebens auf Gott zu ist deshalb nicht nur die schönste Wahl, die wir treffen können, sondern, ganz nüchtern betrachtet, auch die, die uns am sichersten zu einer Erfüllung unseres Lebens kommen läßt. Vermutlich ließe sich das heute schon statistisch absichern. Und wir Modernen, die wir so sehr auf Absicherung durch Erfahrung bedacht sind, sollten nicht so dümmlich sein, diese wichtigste aller Regeln in den Wind zu schlagen. *Dieser* Kurs ist der richtige – auch wenn er unterwegs nicht immer ganz leicht einzuhalten ist. Alle Rezepte ohne diese Ausrichtung auf das erste und oberste Ehegebot müßten Stückwerk bleiben, alle Erörterungen über Chancen und Fallen auf dem Weg wären sonst müßig; denn dieses Gebot ist *eine* Variante des großen alten ersten Gebotes das Moses von Gott empfangen hat: "Ich bin der Herr, dein Gott, du sollst nicht andere Götter neben mir haben." Dieses Gebot steht nicht nur an allem Anfang, es umfaßt unser ganzes Leben und gibt ihm seine Kraft. Nicht andere Götter haben, das bedeutet nämlich unter anderem auch, sich nicht der drängenden Kraft der vitalen Antriebe allein, sich nicht der Herrschsucht, der Besitzgier, der Bequemlichkeit, dem Egoismus, der Sexualität ausschließlich zu verschreiben. Die Anbetung all dieser falschen Götter führt in elende Sackgassen, die sich in bezug auf die Ehe besonders schädlich auswirken. Denn es gehört zur Struktur des Menschen, daß er unzufrieden und unglücklich wird, wenn er einseitig und verbohrt den "falschen Göttern" folgt, ohne die Warnungen seines Mißmuts als Signale zur Umkehr zu verstehen. Und es ist eine der Hauptursachen aller Ehetragödien, daß der eine die "Schuld" für sein Unglücklichsein jetzt dem anderen anzulasten sucht, wodurch alle Teufelskreise der Zerrüttung und Entfernung voneinander einsetzen.

Das Verbot, "nicht andere Götter zu haben", schließt aber auch die Warnung vor einer Überhöhung des Bildes vom Partner ein. Im Überschwang der Liebeserfüllung ist ein Paar nur allzuleicht geneigt, sich gegenseitig zu vergöttern. Aber in diesem Weg liegen gefährliche Illusionen. Es ist enttäuschend für einen Mann, wenn er in der Ehe die Erfahrung macht, daß seine Göttin unter einer bedenkenlosen Klatschsucht leidet, es ist schockierend für eine Frau, wenn ihr vergötterter Heldenpartner sich im Alltag in dieser oder jener Situation als feige erweist. Um solchen Enttäuschungen vorzubeugen, ist es wichtig, rechtzeitig mit dem Partner über die eigenen Schwächen zu sprechen, ihn über unseren "wahren" Charakter aufzuklären, statt krampfhaft die Illusion der "Göttlichkeit" zu züchten, um in seinen Augen unentwegt vorbildlich, heldenhaft und supertüchtig zu sein.

Jedes Paar muß wissen, daß es in der großen Liebe zueinander durch den anderen hindurch den "Himmel" erlebt, *Gottes* Liebe, einen Vorgeschmack der Ewigkeit. Aber dieses Erlebnis darf nicht einfach mit dem Partner total gleichgesetzt werden. Wir sind Menschen mit Fehlern, weiß und schwarz gescheckt. Wenn in der Liebe bei uns das Gold unter dem Mantel aufleuchtet, so ist das gewiß der göttliche Teil in uns, der durch uns hindurch auf den anderen übergreift. Das ist ein Wunder, und wir empfinden das auch so; aber wir sollten wissen, worum es sich handelt: nicht darum, daß wir "wie Götter sind", sondern daß Gott sich uns in Form unserer Liebe zueinander schenkt. Das zu erleben sollte uns dankbar machen, gegen unseren Partner, vor allem aber gegen Gott, der uns gerade an unserem Eheanfang seine helle Feuersäule schickt, die uns voranleuchtet, damit wir die Orientierung nicht verlieren, wenn wir den Weg antreten in das gelobte, das unbekannte Land der Ehe.

Wenn dies klar ist, können wir an die Einzelheiten gehen, die kleinen, eigentlich relativ unwichtigen, die sich alle mit dem ersten Gebot umgreifen lassen. Sie sind eigentlich bereits keine Probleme mehr, wenn man fragend mit dem Maßstab des großen A mißt. Sie weiten sich trotz aller Ratschläge zu unlösbaren Riesenproblemen aus, wenn man jenen Maßstab verliert. Wir können menschenwürdiges Leben, menschenwürdige Ehe nur im Geist Gottes vollziehen. Was bedeutet "Geist Gottes" in uns? fragt Klaus Hemmerle und antwortet:

"... Daß wir nicht mehr aus uns leben, sondern daß wir aus einem Ursprung in uns leben, der tiefer inwendig ist als unser Innerstes ... Der vom Geist Erfüllte ist sozusagen gesteigerte Identität mit sich, gesteigerte Persönlichkeit, aber er ist zugleich jene Persönlichkeit, die die innere Endlichkeit herausgebrochen und sich geöffnet findet in die Ursprünglichkeit Gottes selbst hinein. In mir lebt ein Ursprung, der inwendiger ist, tiefer innen ist als mein Inneres. In mir lebt Gott selbst, ich brauche nicht mehr aus dem kargen Vorrat, aus der kargen Ration meines eigenen Könnens und Mögens zu leben, sondern ich kann aus Gott selbst leben, der sein ganzes Ja und Du zu mir gesagt, der seine Liebe in mich ausgegossen hat. Um den Römerbrief zu zitieren: Dort, wo die Bedrängnis, wo dies In-die-Enge-Kommen mir begegnet, bin ich nicht am Ende, sondern durch die Stufen der Geduld und der Bewährung wächst eben jene Hoffnung, die sich nicht mehr auf mich stützt, sondern darauf, daß in mir der Geist Gottes ausgegossen ist.

Ich kann leben aus der Zukunft, denn diese Zukunft, die Gott selber ist, hat sich mir geschenkt. Ich kann von Gott her denken, ich kann von Gott her die Dinge sehen, ich kann von Gott her meinem Nächsten begegnen: Gott in mir ist mächtiger als ich. Ich kann meine eigene Ohnmacht immer und immer wieder ihm überantworten."

Unter *dieser* Voraussetzung läßt sich auch alles Weitere noch etwas genauer unter die Lupe nehmen.

 Bereitschaft, von einem Partner zu lernen

Wir vergessen so leicht: Wenn wir als erwachsene Menschen heiraten, wenn wir mündig werden vor dem Gesetz, bedeutet das noch lange nicht, daß wir fertig sind, daß unsere geistig-seelische Entwicklung abgeschlossen ist. Die kleinen Jungen und Mädchen, die im Grundschulalter plötzlich anfangen sich zu schämen, die sich nicht mehr nackt zeigen wollen, spüren unbewußt etwas höchst Grundsätzliches: Als Junge oder Mädchen ist man unvollkommen, ist man eigentlich nur halb.

An ein erwachsenes Menschenpaar, an einen Mann und eine Frau, wird nun die Möglichkeit herangetragen, sich gegenseitig zu ergänzen, in der Vereinigung der beiden Halbheiten zu einer Ganzheit zu werden. Aber in unserem Geist und in unserer Seele ist das nicht so einfach und wunderbar zu vollziehen wie im körperlichen Bereich; dort wird gewissermaßen vorwegnehmend, ja geradezu gleichnishaft deutlich, was im geistig-seelischen Bereich mühsam Schritt für Schritt und immer neu vollzogen werden soll: durch das Geschenk des Partners ganz zu werden. Dies schaffen zu können setzt zunächst die Einsicht voraus, daß wir voller Fehler und eben nur halb sind. Keiner von uns ist seelisch ebenmäßig ausgebildet. Es gibt Bereiche, die zurückgeblieben sind, für die bisher keine Möglichkeit bestand, sie zu entfalten.

Viele Mädchen haben zum Beispiel, wenn sie jung heiraten, noch nicht hinreichend die Fähigkeit erworben, sich durchzusetzen. Es wäre sinnlos und falsch, wenn der Ehemann das Sichdurchsetzen für sie übernehmen und diesen ungeübten Teil weiter in die Mottenkiste verbannen würde. Das ist eine große Versuchung für einen Mann. Denn wenn die Möglichkeit, sich durchzusetzen bei der Frau nur schwach ausgebildet ist, hat er ja leichtes Spiel, sich auch ihr gegenüber durchzusetzen und mühelos den Pascha zu spielen! Und dennoch zahlt sich das auf die Dauer nicht aus, es führt ab vom Weg, statt auf ihm vorwärts. Es zerteilt die Hälften, statt sie zusammenzuschmieden. Deshalb sollte ein Mann seine Frau ermuntern, persönliche Wünsche zu äußern und kritische Bemerkungen zu machen, wenn sie das zu wagen bisher noch nicht hinreichend gelernt hat.

Viele Männer können – um nur ein banales Beispiel zu nennen – vorzüglich mit Hammer und Meißel umgehen, aber angesichts der Situation, in der unverhofften Abwesenheit ihrer Ehefrauen ausnahmsweise ein warmes Essen auf den Tisch zu bringen, geraten sie in Ratlosigkeit. Es ist keineswegs erstrebenswert in einer modernen Ehe, wenn die Frau diese Hilflosigkeit dadurch auf die Spitze treibt, daß der Mann grundsätzlich aus ihrem Machtbereich Küche ferngehalten wird. Auf diese Weise wird nicht Ergänzung vollzogen, sondern die Gewichte werden einseitig verteilt und damit Überlastung der einen "Waagschale" bewirkt. Allzuviel Spezialistentum führt auf der einen Seite zur Versuchung der Ausnutzung von Macht und auf der anderen Seite zu quälender Abhängigkeit. Seelisch-geistige Ergänzung in der Ehe bedeutet, daß beide Partner, auf welchem Sektor auch immer, versuchen, gegenseitig dazu beizutragen, daß Hilflosigkeiten überwunden, Unfähigkeiten zu Fähigkeiten nachgeübt werden, so daß *jeder* autark und keiner in einer schäbigen Weise vom anderen abhängig gehalten wird.

Diese Aufgabe bezieht sich nicht nur auf unsere Fähigkeiten. Mann und Frau sind in vielen seelischen Bereichen von Natur ganz verschieden, eine Gegebenheit, die heute unsinnigerweise immer heruntergespielt wird – ein Trend, der im Ehealltag überhaupt nicht hilfreich ist. Wir sollten unsere Verschiedenheiten, das ganz Andere und die verschiedene Verteilung der Begabungen erst einmal annehmen, anstaunen und auch dieses mit aufzunehmen versuchen, statt abzuqualifizieren. Wenn wir Frauen uns beim Zeitunglesen zuerst für die Familienseite interessieren, der Mann hingegen für Außenpolitik oder Wirtschaft, so ist das zunächst einmal praktisch, denn man kann die Zeitung gleichzeitig lesen ohne sich darum zu zanken; aber darüber hinaus kann man im Interessenaustausch voneinander lernen: der Mann die Anteilnahme, das Einfühlen und Verstehen der Menschen in seiner Umgebung, die Frau durch Rückfragen an ihren Mann das Denken in politischen oder wirtschaftlichen Dimensionen.

Ich glaube, daß auf diesem Feld bedeutsame Zukunftsaufgaben gerade in der Ehe auf uns warten. Die überbetont patriarchalisch geführten Ehen der letzten Jahrhunderte haben leider oft Einseitigkeit heraufbeschworen, was die natürliche schöpferische Spannung zwischen den Geschlechtern gelegentlich zu einer gefährlichen Überspannung verzerrte: Der Mann hatte zu beherrschen, die

Frau hatte sich zu unterwerfen, was nur allzusehr ränkevolle und heimliche Bemächtigungsimpulse ihrerseits heraufbeschwor. Die Emanzipationsbewegung war eine folgerichtige, impulsiv aufgetretene Gegenbewegung, die wohl in bezug auf die äußeren Rechte, aber leider noch nicht in bezug auf die innere Harmonisierung Fortschritt bedeutete; denn die im Zuge der Emanzipation erwirkte Intellektualisierung der Frau hatte für die Partnerschaft zunächst eher unheilvolle Folgen. Sie bedeutete überzogene Angleichung der Frau an den Mann. Viele dieser Frauen versuchten eilfertig, ihr "Eigentliches" auszuschalten, statt ihm die neuen Fähigkeiten hinzuzufügen. Das aber bedeutete Erschlaffung der polaren Gegensatzspannung, Minderung der gegenseitigen Ergänzungsmöglichkeit und beschwor "Verkopfung" und Gefühlszerredung in der Ehe herauf, Erscheinungen, die die ersehnte gemeinsame Entwicklung und Steigerung nicht erbringen konnten. Dieser kollektiven Sackgasse können wir nur entrinnen, wenn wir uns bewußt machen, daß die *übertriebene* Angleichung der Frau an die Aufgaben und Charaktereigenarten des Mannes in bezug auf die Partnerschaft erneut Ungleichgewicht bedeutet, ein Ungleichgewicht dazu, das durch Züge wie Versachlichung, Ernüchterung, abstrakte Zielsetzung ganz allgemein Seelenverlust, Substanzverlust durch Vermännlichung bedeutet. Einseitigkeiten dieser Art können uns nicht den ersehnten Fortschritt in menschlichere Lebensformen hinein erbringen! Die "Gleichberechtigung" der Frau bedeutet keine Befreiung der Menschen vom gegenseitigen Sich-Unterjochen, wenn sie einseitig Angleichung der Frau bedeutet! Sie führt dann direkt in die Kampf-Ehe nach Tier-Rivalitäten-Verhaltensmanier. Das Suchen nach mehr Menschlichkeit, das dumpf in allen diesen Bewegungen zum Ausdruck kommt, kann aber nur verwirklicht werden, wenn dem Fühlen, dem Empfinden, dem Schönen in der Partnerschaft ein *hoher* Wert beigemessen wird. In jedem Mann lebt das Gefühl – sonst könnte er nicht lieben –, aber im allgemeinen ist es in den Frauen stärker ausgebildet, ist unmittelbarer vorhanden, ist leichter ansprechbar. Die Gefühlsstärke gehört zu der besonderen Begabung vieler Frauen, und sie ist ein kostbarer Schatz, den wir pflegen sollten, statt ihn abzuwerten und zu verdrängen. Mehr Menschlichkeit in der Welt werden wir aber ganz gewiß nicht dadurch erreichen, daß wir uns stärker in die Intellektualisierung zwingen, sondern nur dadurch, daß wir Gefühlspflege treiben. Es ist das Gebot der Stunde, daß der Mann das Bedürfnis entwickelt, sich zu emanzipieren aus seiner einseitigen Vertechnisierung heraus zur Befreiung der Gefühlsbereiche in sich selbst. Die Ehepartnerin kann darin *die* entscheidende Hilfe geben, wenn die Mutter des Mannes dies versäumte oder seine Gaben durch eine einseitig intellektuelle Ausbildung verschüttet wurden. Wenn die Hauptbegabung der Frau – ihre wache Hellhörigkeit für die Realitäten des Alltags, ihr Sinn für die Situation des einzelnen Menschen, ihr Einfühlungsvermögen, ihr Mitleid – von ihr selbst und von ihrem Partner als ein Wert verstanden wird, kann er als Lernziel eingesetzt werden. Bedürfnisse dieser Art finden heute ihren Ausdruck in dem vehementen Streben junger Paare, dem Mann die Haushaltsführung und Kinderpflege hauptberuflich aufzunötigen. Wenn man nur könnte – man würde ihm auch die Aufgabe des Gebärens und Stillens aufdrängen, und der junge Mann würde wie unter dumpfem Zwang heute gewiß zunächst auch dazu ja sagen. Dabei wird noch verkannt und nicht unterschieden: Es gibt Grenzen des Austauschbaren, es gibt biologisch bedingte "Unbegabtheiten", die nicht einfach abschaffbar sind. Nicht jeder kann auf jedem Gebiet, wenn er nur rechtzeitig zu üben beginnt, ein Meister werden! Das Gebären und Stillen sagt uns darüber Eindeutiges aus. Und im übrigen bildet sich nachweislich bereits im Säuglingsalter bei den Mädchen die Feinmotorik sehr viel schneller und besser aus, bei den Jungen die Grobmotorik – selbst dann, wenn man ihnen keine Vorurteile entgegenbringt und sie mit den gleichen Gegenständen hantieren läßt. Die Richtung und Intensität der Interessen – das zeigt sich bereits im zweiten Lebensjahr – ist bei Jungen und Mädchen angeborenerweise unterschiedlich. Deshalb zeigen die modernen Bestrebungen in den jungen Ehen auch sehr häufig, wie wenig sie sich dauerhaft verwirklichen lassen. Küchendienste gehen den Männern trotz mancher Übung doch nur mühsam von der Hand, das Interesse für Wohnungsgestaltung und Nahrungsbereitung erlahmt erfahrungsgemäß auch bei den gutwilligsten bald, und wenigen Politikern gelang es bisher, ihren Partnerinnen zu einer politischen Karriere zu verhelfen. Und das liegt in den meisten Fällen nicht an der so viel beschworenen Mißgunst der Männer, sondern daran, daß das Interesse vieler Frauen für das politische Alltagsgeschäft nicht groß genug ist.

Aber dieses Bemühen, das sich hitzig in Quoten festbeißt, drängt im Grunde dennoch zu echten Fortschritten: Es entsteht aus der Sehnsucht nach einer menschlicheren

Partnerschaft. Die kann aber nur erreicht werden, wenn Mann und Frau ihre natürliche Verschiedenartigkeit als *gleichwertig* respektieren und bereit sind, ihren Gegenpol, der im Partner betont vorhanden ist, während er bei ihnen selbst nur schwach ausgebildet ist, zu respektieren und, soweit das ohne Zwang möglich ist, nachzuüben. Die Frauen der letzten fünfzig Jahre haben darin viel geleistet; sie konnten das, weil die abstrakte Nüchternheit des Intellekts hoch im Kurs steht. In der Zukunft müssen die Männer mehr von ihren Frauen lernen, von Frauen, die ihre fühlhafte Eigenart selbstbewußt pflegen. Das Rollenchaos führt uns in pervertierte Formen von Partnerschaft. Die Achtung vor der Verschiedenheit von Männern und Frauen und das Bemühen um Wesensergänzung allein kann uns zu einem Gleichgewicht in der Partnerschaft führen. Aber diese sehr dringende, sehr notwendige Zukunftsaufgabe können wir nur lösen, wenn wir nicht zornig und ideologisiert geschöpfliche Ungleichheit verleugnen und sie fortzuretuschieren versuchen, sondern wenn wir dankbar das ganz Andere des Partners annehmen, in steter Bereitschaft, in kleinen Schritten hellhörig daran teilzunehmen und uns durch es bereichern und ergänzen zu lassen.

Dies ist für Euch gewiß leicht nachvollziehbar. Schwieriger wird die Sache hingegen, wenn es gilt, sich gegenseitig dabei zu helfen, immer wiederkehrende Fehlverhaltensweisen abzubauen. Davon haben wir alle eine ganze Menge; die meisten sind aber keineswegs in unserem Bewußtsein. Der eine verärgert seine Umwelt durch unverschämte, verletzende Äußerungen, ohne das so recht zu merken, der andere ist maßlos im Geldausgeben oder geizig. Der eine geht, wenn er sich gekränkt fühlt, in Schweigen über, bricht den Kontakt ab, der andere verstört seine Umwelt durch penetrante Unordentlichkeit. Der eine schmatzt, schlürft, der andere bedient seine Nase ohne Taschentuch – ach, Ihr wißt, was wir da alle für Fehler haben und was dergleichen Angewohnheiten, Süchte und Fehlhaltungen wir mehr mit uns herumtragen. Es gehört nicht nur zu den Rechten, sondern auch zu den Pflichten guter Ehepartner, behutsam und rücksichtsvoll den Versuch zu machen, sich gegenseitig solche Schwächen abzugewöhnen; denn sie schaden uns ja in der Welt draußen! Dort aber werden wir wegen dieser unserer Unbotmäßigkeiten verlacht oder gar ausgestoßen. Erfolgreiche Hilfe können wir uns gegenseitig in der Partnerschaft schenken. Es ist aber auch nicht damit getan, daß wir unentwegt aneinander herumnörgeln und uns schiefmäulig spitzige Vorwürfe machen. Das hilft überhaupt nicht weiter! Ein solches Lernen ist nur möglich, wenn sich die Partner vorher die gegenseitige Bereitschaft, voneinander zu lernen, zugebilligt und zugesichert haben, denn "Liebe herrscht nicht, Liebe bildet, und das ist mehr", sagt Goethe. Von einem liebenden Partner läßt sich nämlich sehr viel leichter ein Wort der Kritik ertragen, wenn man die Gewißheit hat: Dieses Wort will nicht verletzten, ist kein Zeichen von Machtausübung, sondern es will nur liebevoll voranhelfen.

Da die meisten unserer Schwächen aber fest eingewurzelt sind und sich ohne unsere bewußte Steuerung immer wieder hervordrängen, brauchen wir den wiederholten Wink. Oft genügt ein Blick oder ein zärtlicher Schubs, um zu erreichen, daß die Schwierigkeit ins Bewußtsein gerät.

Aber vor allem gehört zu einem solchen Umlernen, daß man die ersten Lernerfolge beachtet und seiner Freude darüber Ausdruck gibt. Unter einer solchen Verstärkung, so sagen die Lernpsychologen, lernt es sich leichter, kommt man schneller zur Korrektur des unerwünschten Verhaltens.

Aber gerade bei einer solchen Verabredung bedarf es doppelt einer Haltung des fürsorglichen Respekts, der taktvollen Rücksichtnahme. Sich freizugeben zur gegenseitigen Erziehung, das bedeutet ja wie nichts anderes die völlige Auslieferung an den Partner. Sie darf auf gar keinen Fall mißbraucht werden und sie darf auch nicht ins Maßlose übertrieben werden! Auch ein guter Pädagoge geht nur Schritt für Schritt, in vorsichtiger Dosierung voran. Wer hier Auslieferung mit Machtanmaßung und Holzhammergebaren beantwortet, wird rasch die Erfahrung machen, daß die Türen der Offenheit sich verschließen und Trennendes sich einstellt gerade dort, wo man doch der Gemeinsamkeit so dringend bedürftig ist. Grundsätzlich werden wir mit diesem unserem Mühen nur Erfolg haben, wenn wir uns keine Rechte anmaßen, sondern uns allein vom anderen mit ihnen beschenken lassen, und wenn wir eine Verhaltensänderung nicht für uns selbst, zu eigensüchtigen Zwecken, anstreben, sondern um des anderen und der besseren Erfüllung seiner Aufgaben in dieser Welt willen. Wir dürfen uns nicht gegenseitig verändern wollen, ohne in jeder kleinen Einzelheit dafür vom Partner einen Auftrag bekommen zu haben. Es ist ein schweres Amt, das uns durch Partnerschaft aufgetragen ist, und wir machen häufig wie die Elefanten im Porzellanladen Fehler, ehe wir das rechte

Gespür erlernt haben. Aber die Erziehung im Erwachsenenalter ist grundsätzlich dadurch gekennzeichnet, daß der "Lehrbeauftragte" selbst immer ein Lernender bleibt, bereit zur Kurskorrektur und zum Einsehen seiner eigenen unbedachten und falschen Handlungsweisen während dieser Arbeit.

Das gegenseitige Sich-Ergänzen ist keine einmalige Angelegenheit – etwa nur der jungen Jahre. Wir Menschen sind wie die Pflanzen Organismen, die fortgesetzt in Veränderung begriffen sind, nicht nur in körperlicher, sondern auch in seelischer Hinsicht. Unsere Veränderungen machen immer neues Suchen und Finden der Partner nötig. Natürlicherweise machen wir auf unserem Lebensweg Zeiten größerer seelischer Ferne und neu entdeckter Nähe durch! Entfernungen sollten für uns kein Anlaß zur Verzweiflung sein. Aufmerksamkeit, Hellhörigkeit, abwartende Einfühlung sind in solchen Zeiten mehr am Platz als Fordern, Fragen und Klammern. Voreiliges Machenwollen behindert die Möglichkeit zum Reifwerden. Es gibt, wie in allen Versuchen zum Lernen, auch in der Ehe trotz Willigkeit zur Verhaltenskorrektur die Erfahrung, daß man sich vergeblich müht. Es muß zu den unumgänglichen Spielregeln auf diesem Feld gehören, daß der eine Partner seinen Auftrag zurückziehen kann, wenn er zu der Erkenntnis gekommen ist, daß die beiderseitigen Bemühungen vergeblich waren. Wir sind keine schrankenlosen "Macher", wir können nicht *alle* unsere Probleme durch Training ändern. Es gibt Unabänderliches in unserem Charakter. Es gemeinsam anzunehmen, zu tragen, gegenseitige Erleichterungen zu erfinden, gehört dann zu einer liebevollen Eheführung.

Die Chance, zu vergeben und um Vergebung zu bitten

Dieses C bildet eigentlich eine Voraussetzung zum vorangegangenen B in unserem Ehealphabet. Nichts, nichts in der Welt der Menschen kann in Ordnung kommen oder in Ordnung bleiben ohne diese Bereitschaft. Da wir Menschen nun einmal Fehler haben, benehmen wir uns immer einmal töricht. Wir verletzen unsere Partner unbedacht, ohne jede Absicht; manchmal glauben wir, es nötig zu haben, uns gegen einen Vorwurf, einen unberechtigten Anspruch wehren zu müssen, manchmal sind wir auch übermütig und haben Lust, den anderen zu ärgern. Oder wir haben einfach schlechte Laune oder fühlen uns körperlich nicht wohl und reagieren das Unbehagen am Nächsten ab. Oder wir haben draußen in der Welt Verletzung und Enttäuschung hinnehmen müssen, gehen wundgescheuert nach Hause und laden sie ohne jede Erklärung und ohne Übergang dem Partner auf. Das *sollte* zwar nicht passieren, aber es passiert uns eben doch. Aber all dieses unser Versagen könnte ertragen werden, brauchte nicht zum Zerbrechen der Gemeinschaft zu führen, wenn der, der die Ehe als Schuttabladeplatz benutzte, sich spätestens am nächsten Tag daranmachen würde, das Gerümpel wieder sorgsam zu entfernen. Da hilft nichts anderes, so hart und so schwer das dem Sünder sein mag: Es *muß* dieses Wort gesprochen werden: "Es tut mir leid, daß ich mich gestern so benommen habe; bitte, sei mir nicht mehr böse. Ich hatte mich so über den Chef geärgert" – oder: "Ich hatte solche Kopfschmerzen" – oder: "Du hattest doch wieder das Kleid an, das ich nicht mag" – oder was es auch sei. Es ist unendlich wichtig, an dieser Stelle die Dinge ehrlich beim Namen zu nennen und nicht zu fürchten, sich auf diese Weise etwas zu vergeben. Man vergibt sich nichts, man bekommt alles geschenkt: nämlich Heilwerden dessen, was dem Ehehaus einen Riß versetzte – freilich nur unter der Voraussetzung, daß der Partner die Situation nicht zur Machtausübung mißbraucht, sondern diese Worte nimmt als das, was sie sind, eine hohe Leistung, als ein Geschenk im Dienst der Liebe. Bei einer solchen Einstellung wird die Bitte um Vergebung zu einem Anlaß großer Freude, zu einer Vertiefung und Stärkung der Beziehung.

In diesem Bereich ist in einer mündigen Beziehung das bittende Wort durch *nichts* anderes ersetzbar. Der Blumenstrauß, der neue Sessel, die Gießkanne und Küchenuhr am nächsten Tag als Geschenke dargebracht, können zwar Ausdruck des Willens zur Versöhnung sein, räumen aber die Not nicht aus, die durch kränkende Worte entstanden ist. Der Weg der Vergebung muß in derselben Weise vollzogen werden, wie der Schaden entstand.

Viele Ehemänner haben die merkwürdige Vorstellung, daß sich Versöhnung ohne Worte im Bett bewerkstelligen ließe. Das ist ein verhängnisvoller Irrtum – im Gegenteil: Frauen erleben sich in solchen Situationen dann als ausgenutzte Esel, als Schlafmittel für ihre Ehemänner und reagieren unversehens mit Gefühlen der

Abscheu, die in eine innere Distanzierung führen. Sie erleben dann ihren Mann nicht als den, der liebevoll seine Zärtlichkeit schenkt, sondern als einen, der sich roh nimmt, was ihm "rechtmäßig" zusteht. Nach einem Streit ohne klare Bereinigung der Konflikte, ohne Vergebung mit dem Partner zu schlafen, ist eine geradezu gefährliche Notlösung: Denn sie ist der direkteste Weg zu partiellen Sexualstörungen, zu Frigidität oder Impotenz allein in bezug auf diesen, gerade den angetrauten Partner. An dieser Stelle wird das Glück der Ehe unbedacht aufs Spiel gesetzt, ohne daß das nötig wäre.

Um Vergebung zu bitten ist ein harter Angang. Das liegt daran, daß wir uns selbst sehr gern vormachen, wir seien im Recht, und der andere sei eben doch "irgendwie" an der Mißstimmung schuld. Aber selbst wenn sich hier eine Begründung für die eigene Unschuld finden oder dumpf fühlen ließe, sollte man sich die Frage stellen: Wer hat den Streit angefangen, wer von uns beiden hat das erste verletzende Wort gesprochen? Dieser sollte sich auch trotz aller "Wenn" und "Aber" die Rolle zudiktieren, als erster um Verzeihung zu bitten. Das allein ist fair. Dennoch ist es gewiß kein Unglück, wenn der nur reagierende Partner, der schließlich auch verletzend wurde, um sich zu verteidigen, als erster zu dem Aussprechen der Bitte um Vergebung kommt. Die Schwierigkeiten, die wir an dieser Stelle mit uns selbst haben, resultieren daraus, daß wir unser Schuldgeständnis als "Selbstwertverlust" erleben. Wir fürchten, uns auf diese Weise minderwertig fühlen zu müssen, daß wir uns schließlich selbst widerlich finden und keine Kraft zum Leben mehr haben könnten. Deshalb haben Menschen mit einem schwachen Selbstwertgefühl besonders große Schwierigkeiten mit dem Bitten um Verzeihung und geraten dabei letztlich in immer schwerere Krisen ihrer Lebensgestaltung. Denn wer sich versteckt, kann nicht vorwärtskommen.

Überwindung von Existenzangst ist also nötig, damit ein Mensch den anderen um Vergebung bitten kann. Das ist eine Leistung. Aber sie muß als eine solche auch vom Partner beachtet werden; denn es ist viel einfacher, die Bitte um Vergebung anzunehmen als um Vergebung zu bitten.

Deshalb ist es besonders verwerflich – das soll hier in aller Schärfe gesagt werden –, wenn die Versöhnung verweigert wird. Nur ein Sadist schlägt die hingehaltene Hand aus. Wer sich von seinem Partner abwendet, der in ehrlicher Bereitschaft um Vergebung bittet, zerbricht die Ehe, zerbricht den Bund mit Gott. Freilich gibt es in Fällen schwerer vorausgegangener Verletzungen, etwa in Form von Gewalttätigkeiten, einen seelischen Zustand, in dem es nicht mehr möglich ist, den Bittenden anzunehmen. Angemessene Reaktion wäre es, in solcher Situation zu antworten: "Ich danke Dir – aber bitte laß mir noch Zeit, ich bin noch nicht ganz damit fertig." Wenn wir nur zur Versöhnung bereit sind, wird uns auch mit der Zeit die innere Möglichkeit dazu geschenkt.

Wir können Nöten dieser Art rascher Herr werden, wenn wir uns verdeutlichen, daß in der Vergebungsbereitschaft unseres Partners sich uns stellvertretend die große versöhnende Hand unseres Schöpfers hinhält, die Hand dessen, der uns kennt mit unseren elenden Schwächen und von dem uns gesagt ist, daß Er uns annimmt samt all den schwarzen und grauen Flecken auf unserer Weste, wenn wir nur zurückkehren und anklopfen – eben weil Er uns liebt. Das Bitten um Vergebung fällt leicht, wenn wir gewiß sind, angenommen zu sein.

Der schrecklichste Widerstand, der sich in uns aufrichtet, um sich der Vergebungsbereitschaft entgegenzustellen ist der *Rachedurst*. In uns allen lebt ein Bedürfnis nach Vergeltung, ein Bedürfnis, durch eine gleiche Tat den Verletzer zur Sühne zu nötigen, die Ordnung mit Hilfe des Talionsgesetzes der Juden, des "Auge um Auge, Zahn um Zahn", wiederherzustellen. Das Gesetz des Talion, so urtümlich es in jedem von uns noch heute lebendig ist, hat sich aber in der Geschichte der Menschheit nicht bewährt. Es heilt nicht, sondern es bringt neues Unheil, führt in eine Kette weiterer gegenseitiger Rachefeldzüge, es bringt nur scheinbar den erhofften Ausgleich und Frieden. Echte Ausräumung von Untaten ist nur durch das Bitten um Vergebung einzuleiten und nur durch das Gewähren der Absolution zu vollenden. Es bildet den einzigen Weg zur Versöhnung. In jedem Menschen, auch in dem, der sich zum christlichen Glauben bekennt, steckt die große Gefahr, daß das Rachebedürfnis zu wuchern beginnt, wenn keine Anstrengungen zur Versöhnung gemacht werden; denn es hilft nicht, seinen Rachedurst zu verdrängen, er setzt sich oft auf eine versteckte Weise, rasant und gefährlich für beide Partner, doch durch. Eine Frau, die einsam ihrem Ehemann in christlicher Nächstenliebe immer und immer wieder zu verzeihen sucht, daß er sich zu Hause wie ein Barbar benimmt und niemals Reue zeigt, handelt sich auf diese Weise in schöner Unbewußtheit oft schwere psychosomatische Leiden ein. Gelenkrheumatismus, chronische Durchfälle (Colitis ulcerosa), chronische Magenschleimhautentzündungen, Eßstörungen, Depressionen und dergleichen mehr sind häufig die Folge einer Kette von Frustrationen, die niemals zu einer Lösung gebracht worden sind. Das ist ein hoher Preis, der in solchen Fällen tragischerweise von beiden Ehepartnern bezahlt werden muß. Ein Partner, dem es trotz des Wissens um diese Gegebenheiten nicht möglich ist, um Verzeihung zu bitten, und der auch keine Ansätze macht, sich sein Barbarentum abzugewöhnen, ist seelisch schwer krank. Wer sich angesichts solcher Erkenntnis entschließt, eine Ehe fortzuführen, muß wissen, daß er eine Krankenbetreuung übernimmt, eine Aufgabe, die mit anderen Maßstäben zu messen ist als eine Partnerschaft. Eine solche Betreuung bedarf der ständigen Begleitung durch einen sachverständigen oder freundschaftlichen Berater, wenn sie nicht doch auf die Dauer zu einer überfordernden Aufgabe werden soll. Eine Ehe mit einem psychisch Kranken macht auch entlastende Zwischenphasen, etwa in Form von Erholungsreisen allein oder einer lebenerfüllenden Zusatzarbeit, nötig. Mit einem eheunfähigen Partner ist nur in dieser Weise lebenslängliche Gemeinschaft möglich, wenn der gesunde Partner nicht über kurz oder lang an seiner Aufgabe zerbrechen soll. Ob eine Ehe im Zeichen des Pflegedienstes oder der Partnerschaft steht, hängt davon ab, ob der Engpaß der Vergebungsbereitschaft bewältigt wird oder nicht.

Durststrecken aushalten

Auf jeder gemeinsamen Wanderschaft gibt es Durststrecken, für beide Partner oder für einen von ihnen. Denn auf jedem Lebensweg treten Situationen ein, in denen uns das Glück nicht in breiten Strömen zufließt. Für den Mann ist der letzte Teil der Schwangerschaft der Frau, aber noch viel mehr die eineinhalb Jahre der so engen Kommunikation zwischen Mutter und Kind eine Durststrecke.

Das Interesse für ihn steht dann nicht an erster Stelle im Leben der Frau, er muß es aushalten, vorübergehend den zweiten Platz einzunehmen. Das wird kein Problem, wenn der Mann mit der Frau gemeinsam das Aufziehen des Kindes als eine hauptsächliche Aufgabe, als einen wesentlichen Sinn seines Lebens verstehen kann, wenn der Mann mit durchdrungen ist von dem nur allzu wahren Satz: "Wer sein Kind als Säugling bemuttert, braucht es sein ganzes Leben lang nicht mehr zu bemuttern" (Harris). Dann kann der junge Vater seine egozentrische Einstellung überwinden und gerät nicht in die Gefahr, unbewußt auf die Säuglingsstufe zurückzufallen und in Rivalität zu seinem Sohn zu treten, kaum daß er geboren ist!

Viele Durststrecken gibt es auch für die Frauen: Wenn der Beruf oder gar die Berufung den Mann zwingt, oft von zu Hause fortzubleiben, gar nur am Wochenende heimzukehren und wenig freie Zeit für die Familie, für ein Leben zu zweit bleibt. Eine Frau, die sich im gleichen Joch mit ihrem Mann weiß, die seine Sache zu der ihren gemacht hat, wird dann nicht schmollend die Vernachlässigte zu spielen brauchen, sondern sich fröhlich auf die Heimkehr ihres Globetrotters vorbereiten. Allerdings: Sie muß die Gewißheit haben, daß die ferne Arbeit im Dienst der großen Lebensaufgaben steht, daß sie unumgänglich notwendig ist, damit die Begabungen ihres Mannes optimal zur Verwirklichung gebracht werden. Dann kann sie seine Abwesenheit aushalten und die Rückkehr mit ihm gemeinsam um so unbeschwerter genießen.

Belastende Durststrecken sind auch chronische Krankheiten eines Partners, eines Kindes oder eines Familienmitgliedes, das unter dem gleichen Dach lebt.

Das Leid, wenn es sehr groß ist, hat eine gefährliche Eigenschaft: Es kann alle Freude ringsumher einsaugen und abtöten. Solche Durststrecken sind überhaupt nur zu überstehen, wenn die "Leidgeprüften", die "Heimgesuchten", wie es in der alten Wortwahl so treffend heißt, durchhaltend bereit sind, ihr Schicksal als sinnvoll anzunehmen – als eine Schicksals*prüfung*, die es notwendig macht, sich gegenseitig zu stützen, damit gemeinsam standgehalten werden kann.

Die Erfahrung, die wir als Bevölkerung in einer Wohlstandsgesellschaft und im Sozialstaat der letzten dreißig Jahre gemacht haben, hat uns zu der bestürzenden Einsicht verholfen, daß es einer besonderen, zuchtvollen Reife bedarf, um "eine Reihe von guten Tagen zu vertragen", ohne in kleinkindhafte Verhaltensweisen, in Unzufriedenheit, Nörgelsucht und Riesenansprüche zu verfallen. Wir haben neu die Not als einen wirkungsvollen Zuchtmeister zur Abhärtung, zur Mobilisierung von Kraft und Erfindungsreichtum, ja als einen Erzieher zur einer wirklichkeitsgerechten Einstellung des Menschen zum Leben verstehen gelernt. Haben wir das in unserem Bewußtsein, so wird es uns leichter, angesichts von schwerem Schicksal in der Ehe nicht gleich die Fahne zu streichen, sondern zu bedenken, daß uns auch das Schmerzliche schließlich "zu unserem Besten geraten kann".

Wer als alter Mensch das Resümee seines Lebens zieht, kommt nur allzuoft zu der Erkenntnis, daß ihn gerade das Schwere, das Leidvolle innerlich weiterbrachte, ganz gleich, ob es von außen kam oder durch eigenes Fehlverhalten hervorgerufen wurde.

Wer dieses Wissen in der Ehe beherzigt, hat mehr Standfestigkeit, läuft nicht beim ersten Ehekrach zum Scheidungsanwalt, sondern kann in Geduld das Mißliche ertragen oder es in hellhöriger Nachdenklichkeit allmählich zu ändern suchen. Ungeduld und mangelnde Widerstandsfähigkeit gegen unlustvolle oder schmerzende Zustände sind Kennzeichen des Kleinkindes. Wer als Erwachsener mit babyhaftem Verhalten sein Leben zu gestalten versucht, wird die Erfahrung machen, daß die Schwierigkeiten kein Ende nehmen, sondern wie Pech zu kleben scheinen – und wenn er sich auch noch so oft scheiden läßt! Er schneidet sich mit der Projektion des eigenen Fehlverhaltens auf den Ehepartner letztlich doch nur ins eigene Fleisch; und die Wunden, die dabei immer zahlreicher in der gleichen Weise entstehen, bedeuten Aufforderung des Schicksals, endlich einmal die Fehler bei sich selbst zu suchen und an dieser Selbsterkenntnis zu wachsen. Durststrecken auszuhalten kann also ganz generell Stärkung und seelisches Wachstum bedeuten, wenn man nur bereit ist, den konstruktiven Sinn von Lebensschwierigkeiten zu verstehen und anzunehmen.

Eifersucht bekämpfen

Es gehört zu den Gefahren eines Ehelebens, sich in Eifersüchteleien festzubeißen. Ganz gleich, ob sie berechtigt oder unberechtigt sind, führen sie niemals zu einer positiven Bewältigung der Konflikte. Eifersucht zerstört. Sie ist kein konstruktiver Wächter. Sie will allein haben, vor allem *haben*. Das Denken des Eifersüchtigen kreist um sich selbst und behandelt den Ehepartner wie einen Besitz, den es zu hüten gilt. Eifersucht, so oder so, erzeugt berechtigte Abwendung, erreicht meist das Gegenteil von dem, was man sich heimlich wünscht: nämlich den Partner stärker zu binden. Es gibt Menschen, die eifersuchtskrank sind. Sie übertragen, ohne das zu wissen, ihre Kindheitskonflikte mit Vater, Mutter oder mit den Geschwistern auf den Ehepartner.

Die tiefenpsychologische Erfahrung hat uns gelehrt, daß viele starre Charakterzüge in der Kindheit dadurch vorgeformt werden, daß ein Problem damals unbewältigt blieb. Viele der Eifersuchtskranken haben zum Beispiel die subjektive Erfahrung gemacht, daß sie als Kleinkind durch die Ankunft eines neuen Geschwisters entthront wurden. Sie fühlten sich degradiert. Ist auf diese Weise im Unbewußten eine seelische Verletzung entstanden, so kann bei einem solchen Partner jede "Neuerwerbung", jede neu in den Familienkreis eintretende Person, ähnlich panische Ängste um Liebesverlust auslösen.

Es gibt – oft ebenfalls auch bereits in den Kinderjahren – eine erotisch gefärbte Eifersucht, besonders auf den gleichgeschlechtlichen Elternteil. In der Praxis ergibt sich häufig, daß die Ursache der krankhaften Eifersucht dadurch entstand, daß Vater und Tochter oder Mutter und Sohn, manchmal durch die Witwenschaft oder die unglückliche Ehe, in einer allzu engen Beziehung leben. Wenn diese durch eine neue Liaison oder eine neue Eheschließung des Erwachsenen mehr oder weniger abrupt aufgelöst wird, kann das Kind dieses Ereignis als "Treulosigkeit" des Urpartners erleben, so daß in der Ehe im Erwachsenenalter eine unrealistische Erwartungsangst vor Wiederholung des traumatisierenden Ereignisses chronisch bestehen bleibt, ohne daß die Ursache der Angst bewußt wird.

Solche Menschen bedürfen dringend psychotherapeutischer Hilfe, da sie so nicht ehefähig sind und zwangsläufig durch ihre Verdächtigungen und bespitzelnden Kontrollen die eheliche Beziehung vergiften.

Gibt einer der Partner berechtigten Anlaß zur Eifersucht, so sollte man dennoch alles daransetzen, ihre Wucherung in der Seele zu bekämpfen. Viel wichtiger ist es, das Auftauchen einer neuen Liebe als ein Signal zu betrachten, das Auskunft darüber gibt, daß irgendein Bereich des Partners in der Ehe unbefriedigt bleibt. Ehepartner sollten miteinander darüber sprechen und den Versuch machen, herauszufinden, um was für ein Bedürfnis es sich handeln könnte. Ist erst ein Bewußtsein darüber vorhanden, worum es geht, zeigt sich oft, daß es sich bei einigem guten Willen auch in der Ehe verwirklichen läßt – oder daß es in die Liebe zum Partner eingeschlossen werden kann, *ein* einzelnes in der Gemeinschaft mit dem Partner nicht erfüllbares seelisches oder geistiges Bedürfnis jenseits der ehelichen Beziehungen allein zu stillen. Haben die Partner nur echte Liebe zueinander, so kann das sogar eine Stärkung auch der Lebensgemeinschaft bedeuten.

Freiräume für den anderen schaffen

Ehe kann und darf nicht bedeuten, daß zwei Menschen ihr Eigenleben vollständig aufgeben und nur noch als Eheeinheit handeln. Das darf deshalb nicht sein, weil der Mann und die Frau niemals vollständig übereinstimmende Begabungen und Interessen haben.

Bei Euch, Antje und Gerd, wird das zum Beispiel ganz deutlich: Du, Antje, kannst wunderschön geigen, Dich darin weiter zu vervollkommnen, Musik in einem Quartett, in einem Orchester auszuüben, ist nicht nur für Dich eine Freude, sondern im Sinne jenes ersten Gebotes notwendige Verwirklichung Deiner Begabung, *Dein* spezieller Beitrag zur Steigerung der geistigen Kräfte in der Welt. Gerd hat nicht *diese* spezielle Form einer schöpferischen Möglichkeit ausgebildet, statt dessen aber die zu malen, zu modellieren, zu konstruieren. Es wäre falsch, wenn er, statt diese Fähigkeiten in seiner Freizeit weiter auszubauen, Dir zuliebe bei jeder Orchesterprobe im Foyer sitzen würde.

Das wäre zwar Liebe, aber eine, die Dich, Antje, auf *seine* Kosten einseitig zur Entfaltung bringen würde. Das aber zahlt sich nicht aus, eben weil im Grunde einer beim anderen schmarotzt, weil in solchem Fall der eine den anderen aufsaugt und damit eine Art geistigen Kannibalismus betreibt. An diesem Beispiel wird deutlich, daß auch die Liebe eines Paares ganz unumgänglich den Bezugspunkt auf ein übergeordnetes Lebensprinzip braucht, wenn es nicht Gefahr laufen soll, sich in gegenseitigen Beanspruchungen und Liebesbeweisen zu verzehren und die Bindung letztlich zu zerstören, statt sie zu festigen.

Auch die exklusive Liebe zu zweit muß sich gegenseitig mit Abstand, mit Freiräumen um sich herum beschenken. Es ist keine Liebe, vom Partner zu fordern, sich ganz für ihn aufzuopfern; Liebe ist vielmehr darauf bedacht, hellhörig und ermutigend im anderen den besten Kräften zur Verwirklichung zu verhelfen, sie ist bereit, um dieses Zieles willen eigene, egoistische Ansprüche zurückzustellen, ohne sich dabei vollständig aufzugeben. Gibt einer der Partner sein Eigenleben ganz auf, strebt er danach, dem anderen ein Totalopfer zu bringen, so zeigt sich an den Folgen, daß so partnerschaftliche Liebe von der Schöpfung nicht gemeint ist; denn der, dem dieses Totalopfer geschenkt wird, wird von ihm erdrückt. Er wird durch das Übermaß so sehr gebunden, daß er das bald – ohne Wissen und Wollen – als unerträgliche Fessel erlebt, so daß geradezu automatisch Befreiungsimpulse aktiviert werden. Oder aber der so im Übermaß beschenkte Partner versinkt in eine Unselbständigkeit, die ihn in die geistig-seelische Verkümmerung zwingt.

Die Partner, die Tag für Tag in einer Gemeinschaft leben, brauchen immer einmal wieder Abstand voneinander. Selbst bei Tieren, bei Ratten und Tupajas, zeigt sich, daß sich die Reizschwelle für Aggressionen enorm steigert, wenn sie auf zu engem Raum miteinander leben müssen. Fischmännchen greifen schließlich ihre Weibchen an, wenn man beide in ständiger Isolation sich selbst überläßt. Wieviel nötiger hat es erst ein Mensch unseres

Kulturkreises, der zum Individuum erzogen ist, sich gelegentlich zurückzuziehen, seine eigene Mitte zu finden, um danach zu um so lebensvolleren Wiederbegegnungen mit dem Partner zu kommen! In unserem Leben ist ja niemals ein einziges Prinzip maßgebend. Wie das Einatmen und das Ausatmen muß es auch in der Beziehung eines Paares einen Wechsel geben zwischen Nähe und Ferne, zwischen einem Sich-Abtrennen und einem Sich-wieder-Verbinden.

Alle Riesenerwartungen, zum Beispiel die Forderung eines Mannes, daß seine Frau ständig in seiner unmittelbaren Nähe, gewissermaßen für ihn Gewehr bei Fuß stehen müsse, gründen nicht auf Liebe, bedeuten nicht Partnerschaft eines erwachsenen Menschen, sondern machen deutlich, daß er seine Partnerin an die Stelle der Mutter setzt und fordert, daß sie die Funktion von Dauerspendung und -geborgenheit übernimmt wie eine Mutter für ihren Säugling. Besonders leicht neigen diejenigen Menschen zu solchen Fehlvorstellungen von Ehe, die in ihrer eignen Kindheit mütterliche Geborgenheit nie kennengelernt haben oder mit ihr maßlos verwöhnt worden sind. Solche Menschen suchen, ohne daß es ihnen bewußt ist, den Partner für die eigenen neurotischen Wünsche zu mißbrauchen.

Zerrformen dieser Art bringen aber nicht weiter, sie führen entweder zum Zerbrechen des mißbrauchten Partners, zur Entstehung chronischer seelischer oder auch körperlicher Leiden bei ihm (Migräne, Asthma bronchiale) oder zu seinem Ausbruch aus dem blutsaugerischen Gefängnis. Spätestens dann, spätestens in Gestalt dieser Not, die durch die Erkrankung oder das Fortgehen des

Gefährten entsteht, erhält der in einem kindischen Entwicklungsstand festhaltende Mensch die Chance, neu aufzubrechen in das Land eines maßvollen und verantwortungsbewußten Erwachsenenlebens hinein.

Gegenseitigkeit der Ansprüche beachten (Geldfragen)

Das Wort "Anspruch" sollte in einer guten Ehe eigentlich so wenig wie möglich vorkommen. Es riecht nach Forderung, nach hochnäsigem, füßestampfendem Begehren "berechtigter" Dienstleistungen füreinander. Solche Einstellung pflegt alle Liebe auf Nimmerwiedersehen im IC-Tempo dahinfahren zu lassen. Liebe läßt sich ja nicht zwingen, ein Gefühl läßt sich nicht befehlen. Liebe ist wie eine zarte Mimose, und deshalb sollten wir alles tun, so pfleglich und behutsam wie möglich mit ihr umzugehen. Liebe fordert nicht, sondern schenkt und hofft, mit Liebe beschenkt zu werden.

Dennoch gibt es im Ehealltag Anforderungen, die an ein Paar aus der Situation heraus gestellt werden. So ist es z. B. für die gesunde seelisch-geistige Entfaltung eines Kindes *unumgänglich* nötig, daß seine Mutter in den ersten beiden Lebensjahren ständig bei ihm ist. Diese Lebensbedingung des Menschen zu erfüllen, ist für ein Paar verantwortliche Aufgabe, Forderung des Lebens an es, damit es einen positiven Beitrag leistet für die Zukunft; denn Kinder, die in dieser ersten Lebenszeit weggeschoben oder in einem Heim abgegeben werden, weil die Mutter im Beruf bleibt, bekommen in ihrem Leben oft große seelische Schwierigkeiten, ja manche können später weder lieben noch arbeiten.

Angesichts einer solchen Lage tritt die Forderung an das Paar heran, eine Arbeitsteilung vorzunehmen: Der Mann sorgt für die finanzielle Existenzsicherung, die Frau für die Pflege des Kindes und des Mannes. Durch ihre Situation bedingt, hat die Frau ein Recht auf finanziellen Unterhalt durch ihren Mann, der Mann das Recht auf Versorgung in bezug auf die tägliche Lebenserhaltung durch die Frau. Dieser Status, der in unserer abendländischen Gesellschaft berechtigterweise zur Sitte werden mußte – denn der Kindersegen war groß und die Haushaltsführung schwierig –, sollte heute in unserem Status der Zweikinderfamilie wieder der lebendigen Wirklichkeit angepaßt werden: Dieses arbeitsteilige Prinzip hat wirklich nur dann und nur so lange Berechtigung, wie Kinder im Haus sind, die der Betreuung bedürfen. Bevor es sie gibt oder nach ihrem Flüggewerden sollte man sich vor einer Fortführung solcher starren Normen hüten. Die berufstätige Frau sollte ihrem Einkommen entsprechend einen kleinen Teil der finanziellen Lasten der Haushaltsführung mitübernehmen, und der Mann sollte seiner Arbeitszeit entsprechend einen Teil der täglichen Lasten mittragen. Bei einem berufstätigen Ehepaar ohne Kinder bedeutet es Paschahaltung, wenn sich der Mann nach allen Regeln der Kunst Unordnung zu verbreiten erlaubt und seiner Frau gravitätisch das Aufräumen überläßt. Es bedeutet Mißachtung und hat mit Liebe nichts zu tun, wenn der Ehemann seine Frau wie eine leibeigene Sklavin hält und den Anspruch erhebt, von morgens bis abends bedient zu werden. Liebende haben unmittelbare Freude daran, einander Lasten abzunehmen. Es bedeutet Vernachlässigung der Liebe, dem anderen in falscher Anspruchshaltung Lasten einfach aufzubürden. Ein Mann vergibt sich nichts, wenn er sein Bett selbst macht, wenn er seine Schuhe putzt und seinen Anzug bürstet und wegordnet. Geldprobleme gibt es nicht, wenn beide in liebevoller Gemeinsamkeit im Dienst am Familienschiff vernünftig und sparsam sind. Dann sorgt ein gemeinsames Konto für Gleichberechtigung und Harmonie.

Der Sektor Geld kann aber in mancher Ehe auch ein allergischer Punkt sein, so daß dadurch viel gefährlicher Zündstoff entstehen kann. Dann sollte man rechtzeitig Abmachungen treffen, Regelungen, die in gemeinsamer Konferenz beschlossen werden. Dabei gibt es natürlich viele Abweichungen von der Grundregel, die Verantwortung für die Unterhaltungskosten gemeinsam zu tragen. Es kann einem Mann schlechterdings undenkbar erscheinen, im Haushalt mit Hand anzulegen. Dann hat aber auch die Frau das Recht auf alleinige Nutzung ihres selbstverdienten Geldes. Es können beide beschließen, eine Hilfskraft für den Haushalt einzustellen; dann sollten aber beide prozentual zum Einkommen an den Kosten beteiligt werden unter der Voraussetzung, daß der Frau durch die Hilfskraft die gleiche freie Zeit und die gleiche Möglichkeit, Geld zu verdienen, geschaffen werden wie dem Mann. Natürlich gibt es viele Variationen solcher Abmachungen, aber man sollte sie nicht scheuen und mit Mut und Behutsamkeit zusammen wirklich ausdiskutieren. Außerdem muß, wenn sich die Situation verändert, jeweils ein neuer "Vertrag" geschlossen werden. Auch wenn ein Paar den Entschluß faßt, daß die Frau nicht mitarbeitet, weil sie Kinder hat oder weil ihr eine schöne, kultivierte, sorgfältige und zeitfordernde Haushaltsführung (vielleicht auch die Pflege eines Gartens) der liebste Beruf ist, sollte auf jeden Fall eine finanzielle Regelung getroffen werden. Eine Frau muß wissen, mit was sie rechnen kann. Es ist unwürdig, wenn sie den Haushaltsvorstand um jede Mark bitten muß. Es sollte mit einem klaren Darlegen der Einkommensverhältnisse, mit Überlegungen zu Sparvorhaben und Zukunftsplänen eine Regelung über das wöchentliche Haushaltsgeld und das monatliche "Nadelgeld", das Taschengeld der Frau, gesprochen werden. Die nicht verdienende Frau muß auf jeden Fall so lange als gleichberechtigte Teilhaberin am verdienten Geld des Mannes gelten, solange sie um der Erziehung der Kinder willen keine Berufsarbeit übernehmen kann. Bei einer verantwortungsbewußten Mutter kann das durchaus das Gesamt der Zeit umfassen, in der noch Kinder im Haus leben.

Es ist für die Erfüllung des Lebenssinnes eines Paares gewiß besser, wenn es nach einer solchen langfristigen berufslosen Zeit der Frau erlebt, daß es die Kinder gesund, stabil und mit allen Möglichkeiten zu einer Entfaltung ihrer Menschlichkeit in die Erwachsenheit entläßt. Alle Einbußen an "Zugewinn" durch die Ehefrau machen sich hier erfahrungsgemäß reich bezahlt. Sie können von der Frau aber nur erbracht werden, wenn der Mann ihre ständige Erziehungsarbeit an den Kindern als einen hohen Wert versteht und das auch in der finanziellen Regelung zum Ausdruck bringt.

Regelungen sollten auch getroffen werden für die selbständige Krankenversicherung und Altersversorgung der Frau. Es ist begrüßenswert, daß die Deutsche Bundesregierung zur Zeit Schritte unternimmt, den Frauen auf diesem Sektor zu ihrem Recht zu verhelfen; aber auch in den freien Berufen muß hier Vorsorge getroffen werden, die die Abhängigkeit der Frau von ihrem Mann verhindert. Denn eine solche Abhängigkeit ist eines mündigen, erwachsenen Menschen unwürdig. Eine lebenslängliche Ehe kann keine menschenwürdige, freiwillige, beglückende Partnerschaft sein, wenn sie durch äußere Abhängigkeit erzwungen ist. Das entehrt nicht nur die Frau – es ist auch für den Mann ein gefährlicher Weg zur Bequemlichkeit. Was braucht er sich schon Mühe zu machen um eine Frau, die er ohnehin fest an der Kette hat! Bequeme Wege aber bringen uns grundsätzlich nicht weiter – auch gerade den Mann nicht, der von seiner Natur zur Anforderung gedrängt wird. Die Sklavenhaltung der Frau durch den Mann kann nur sein "Niederes" aktivieren und richtet damit letztlich Schaden in ihm selbst an, denn es bringt ihn weg von seiner Lebensbestimmung: sich in seinen seelischen und geistigen Kräften zu steigern. Mit Recht sagt deshalb Robert Havemann:

"In dem Maße, wie sich materielle Abhängigkeit in das Verhältnis einschleicht und an ihm mitwirkt, in ihm operiert, wird die Beziehung beschädigt und schließlich zerstört und aufgelöst. Es heißt nicht, daß deswegen die äußeren Formen der ehelichen Beziehung aufgehoben werden. Die Ehe wird oft als eine höchst unmoralische Beziehung ein Leben lang fortgesetzt, wenn sie noch so sehr innerlich ausgehöhlt ist. Die materielle Abhängigkeit ist der Feind moralischer Beziehungen zwischen den Menschen. Die materielle Abhängigkeit verwandelt reine und menschliche Beziehungen in unmoralische. Ich möchte sagen, die Ehe als Institution, in der solche materiellen Beziehungen sich manifestieren, ist geradezu der Todfeind wirklicher Liebe zwischen den Menschen."

Manche junge Eheleute haben die Vorstellung, daß Schwierigkeiten um das Geld deshalb bei ihnen nie auftauchen werden, weil einer von ihnen ohnehin der Experte in Wirtschaftsfragen ist. Einer der beiden hat Gespür und Begabung für Einteilung und Maß, einer hat Spaß am Planen, Sparen und Geldanlegen – dem anderen ist das nur lästig, und er ist erfreut, den persönlichen Finanzminister mitgeheiratet zu haben. Aber diese Rechnung geht selten auf. Später stellt sich nämlich oft heraus, daß der "Finanzminister" Geldausgaben oder Investitionen machte, die dem anderen keineswegs gefallen, weil die Partner keine Übereinstimmung darüber haben, was sie für anschaffenswert halten. Das ist besonders der Fall, wenn die Ehefrauen in diesem Bereich das Heft in der Hand haben. Es kann aber auch geschehen, daß der von der ehelichen Wirtschaft "Entlastete" sich in eine Haltung der Überheblichkeit hineinsteigert – nach dem Motto: Für mich die feineren Aufgaben, für meinen Partner die gröberen. Der eine trägt in solchem Fall eine erhebliche Verantwortung, wird aber dafür von seinem Partner keineswegs in der gebührenden Weise anerkannt. Bitternisse dieser Art lassen sich vermeiden, wenn man gemeinsam Abrechnungen durchführt, sich gegenseitig Einblick gewährt in Einnahmen und Ausgaben und miteinander aus der gemeinsamen Wirtschaftsführung zu lernen bereit ist. Der allzu Ausgabefreudige, Verschwenderische sollte Buch führen über seine Ausgaben und das Einteilen des Geldes mit Hilfe des Partners üben. Der allzu Sparsame, der Geizige, kann, wenn er nur den Mut hat, sich von seinem lästigen Trieb des Sammelns und Zurückhaltens befreien zu wollen, den Partner auffordern, ihm dabei zu helfen. Unter dieser Voraussetzung wird es ihm leichter fallen, sich den Gewinn einer Reise, einer Instandsetzung, einer zeitsparenden Anschaffung schmackhaft machen zu lassen. Gerade in bezug auf unseren Umgang mit Geld haben wir meist im Erwachsenenalter viel nachzuholen, denn viele von uns haben auf dem Boden von Fehlentwicklungen des Besitztriebes große emotionale Schwierigkeiten, mit Geld realitätsgerecht umzugehen. Niemand kann uns dabei so wirkungsvoll behilflich sein wie unser Ehepartner, wenn wir das Problem nur in ehrlicher Bereitschaft und nüchtern anzupacken verstehen.

Viele junge Ehepaare scheuen sich, über die Finanzen feste Regelungen zu treffen. Sie haben das Gefühl, daß das Geld keine Konflikte heraufbeschwören könne, sie meinen, ihrer Liebe unrecht zu tun, wenn sie über geldliche Angelegenheiten miteinander sprechen. Das ist aber falsch. Es entspricht einer unrealistischen Einstellung. Je mehr hier gleich am Anfang in gegenseitiger Achtung Abmachungen getroffen werden, um so mehr beugt man der Entstehung unterschwelliger Explosionsherde vor, die die Beziehung später sinnlos belasten können. Fühlt sich ein Paar dieser Frage am Anfang nicht gewachsen, sollte es einen erfahrenen, sachverständigen, am besten juristisch gebildeten, unparteiischen Freund bei der Konferenz über die Finanzen um Hilfe bitten.

Hörigkeiten begegnen

Die Psychopathologie (die Lehre von den seelischen Erkrankungen) hat ein interessantes Phänomen der Paarbildung aufgedeckt: Es gibt eine Form von Faszination, der Verliebtheit in einen bestimmten Partner, die durch übersteigert einseitige Bedürftigkeiten hervorgerufen wird. Ein Masochist bedarf zu seiner Ergänzung suchtartig des Sadisten, ein Introvertierter sucht nach dem Extravertierten, ein krankhaft Mutter-Gebundener sucht einen Typ, der seiner Mutter am wenigsten gleicht – und das alles, ohne daß sie ahnen, was eigentlich geschieht. Eine Faszination, die auf dem Boden einer mächtigen, übersteigert vorhandenen Bedürftigkeit entsteht, verursacht deshalb Hörigkeit, bewirkt eine krankhafte Abhängigkeit.

Erich Fromm sagt: "Die symbiotische Vereinigung hat ihr biologisches Vorbild in der Beziehung zwischen der schwangeren Mutter und dem Fötus. Sie sind zwei und doch eins. Sie leben 'zusammen' (sym-biosis), sie brauchen sich gegenseitig. Der Fötus ist ein Teil der Mutter und empfängt von ihr alles, was er braucht; die Mutter ist sozusagen seine Welt. Sie ernährt und beschützt ihn, aber auch ihr Leben erfährt durch ihn eine Steigerung. In der psychischen symbiotischen Vereinigung sind die beiden Körper unabhängig, aber die gleiche Art des gegenseitigen Angewiesenseins besteht psychologisch.

Die passive Form der symbiotischen Vereinigung ist die Unterwerfung oder – wenn wir die klinische Bezeichnung verwenden – der Masochismus. Der masochistische Mensch entrinnt dem unerträglichen Gefühl der Isolation und Getrenntheit, indem er sich selbst zu einem Teil, zu einem Glied einer anderen Person macht, die ihn führt, leitet und beschützt, die sozusagen sein Leben ist und ohne die er gar nicht leben könnte.

Die Macht jener Person, der man sich unterwirft, ist übersteigert, mag sie nun ein Mensch oder ein Gott sein; sie ist alles, ich selbst bin nichts, abgesehen allein davon, daß ich ein Teil von ihr bin. Denn damit bin ich auch ein Teil ihrer Größe, ihrer Macht, ihrer Sicherheit. Der Masochist hat selbst keine Entscheidungen zu treffen, hat kein Risiko auf sich zu nehmen; er ist niemals allein – er ist jedoch auch nicht unabhängig. Er ist nicht vollständig, ist noch gar nicht ganz geboren. In der masochistischen Liebesbeziehung liegt der Mechanismus der Götzenanbetung vor.`Die masochistische Bezogenheit kann mit psychischem, sexuellem Verlangen vermischt sein: In diesem Fall handelt es sich nicht nur um eine Unterwerfung, an der die Phantasie teilhat, sondern um eine, die den ganzen Körper betrifft. Der Betroffene verliert seine Integrität und macht sich damit selbst zum Instrument eines anderen Menschen. Er ist damit der Aufgabe enthoben, das Problem des Lebens selbst und in Freiheit zu lösen.

Die aktive Form der symbiotischen Vereinigung ist Beherrschung des anderen Menschen oder – um die dem Masochismus entsprechende psychologische Bezeichnung zu nehmen – *Sadismus*. Der Sadist möchte seiner Einsamkeit dadurch entgehen, daß er einen anderen zu einem Teil, zu einem Glied seiner selbst macht. Er übersteigert und vergrößert sich selbst durch die Einverleibung jener anderen Person, die ihn anbetet.

Der Sadist ist von jener Person, die sich ihm unterworfen hat, genauso abhängig wie diese von ihm; keiner kann ohne den anderen leben. Der Unterschied liegt lediglich darin, daß der Sadist befiehlt, ausnutzt, verletzt und erniedrigt, während der Masochist sich befehlen, ausnutzen, verletzten und erniedrigen läßt. Das ist in realistischem Sinn ein beträchtlicher Unterschied; in einem tieferen Sinn ist der Unterschied jedoch nicht so groß wie das, was beide gemeinsam haben: Vereinigung ohne Unabhängigkeit und Integrität."

Mehr oder weniger abgeschwächte Formen dieses "sado-masochistischen" Grundschemas kommen in mancher Ehe vor. Das ist keineswegs gleich "abartig". Dennoch ist es nötig, diese Anlagen in uns nicht unreflektiert zu verstärken; denn das führt beide in Abhängigkeiten, die Entwicklung blockiert. In der symbiotischen Beziehung hat der Mensch das Gefühl, ohne den anderen nicht existieren zu können. Aber auch in manchen neurotischen Ehen anderer Art ist dies der Fall, so, wenn ein extrem weltfremder, weltabgewandter Stubengelehrter eine welthungrige, abenteuerlustige Frau heiratet. Er hofft, die Welt im Schutz der starken Frau doch ertragen zu können, sie hofft, durch ihren Mann von zügellosen, gefährlichen Seiltänzereien abgehalten zu werden. Aber die Einseitigkeiten solcher Charakterstrukturen lassen sich nicht dauerhaft gegenseitig kompensieren, ohne daß es zu gefährlichen Zerreißproben kommt. Die Hörigkeiten, die durch Übersteigerungen bestimmter Bedürfnisse entstehen, können nur dadurch in eine mündige Liebesbeziehung umgewandelt werden, daß der fehlende Teil in dem Menschen selbst allmählich zur Nachentwicklung gebracht wird. Selbst an der Welt Freude zu haben, sollte die Frau ihren Stubengelehrten in kleinen Schritten lehren, die Schönheiten eines Sonnentages im häuslichen Garten zu genießen, sollte mit Liebe und Fürsorglichkeit der stille Gelehrte seiner betriebssüchtigen Frau als Erlebnis vermitteln.

Einen Partner zu haben, der abhängig, ja hörig ist, ist eine große Versuchung, besonders für machtgierige, ich-schwache Menschen. Aber die Hörigkeit beraubt den Betroffenen seiner Freiheit, und sein Objekt gerät in den Bann einer Fesselung, die, je mehr Bezirke sie umschließt, je härter sie knebelt, zwangsläufig um so mehr den Drang nach Befreiung mobilisiert.

Wir sollten versuchen, uns solchen Triebmechanismen allmählich zu entwinden. Erich Fromm sagt dazu: "Im Gegensatz zu der symbiotischen Vereinigung ist die reife Liebe *Eins-Sein* unter der Bedingung, die eigene Integrität und Unabhängigkeit zu bewahren und damit auch die eigene Individualität. Die Liebe des Menschen ist eine aktive Kraft, die die Mauern durchbricht, durch die der Mensch von seinen Mitmenschen getrennt ist und die ihn mit den anderen vereint. Die Liebe läßt ihn das Gefühl von Isolation und Getrenntheit überwinden, erlaubt ihm aber, sich selbst treu zu bleiben und seine Integrität, sein So-Sein zu bewahren. In der Liebe ereignet sich das Paradox, daß zwei Wesen eines werden und doch zwei bleiben..."

Hörigkeit entsteht auch durch eine übertriebene Identifikation mit dem Partner. Es ist verständlich und auch berechtigt, daß ein liebendes Paar sich als Einheit erlebt. Gibt aber der eine oder der andere aus diesem Grund sein Ich, seine Eigenheiten vollständig auf, so erlebt er sich bald als schutzlos und verlassen in Situationen, in denen die totale Identifikation nicht möglich ist. Auch auf diesem Weg können Hörigkeit und übersteigerte Abhängigkeitsgefühle entstehen. Wer sich solcher Gefahren bewußt ist, vermeidet das totale Aufgehen im Partner, nimmt ihn liebevoll an mit all seinen guten und weniger guten Eigenschaften und bleibt dennoch er selbst. Absolute Identifikation bedeutet den seelischen Tod des Paares. Mit Recht sagt dazu Manfred Hausmann:

"Da erregt die Liebe ihnen schwermütig eine Sucht,
sich aufzugeben und sich im anderen stöhnend
zu verlieren für alle Ewigkeit, daß keines mehr,
kein Ich, kein Du und nichts, sein Wesen hat.
Das aber ist, Geliebteste, der Tod.

Da du dich fallen ließest aus dem Bangen
und aus dem Ich und aus der Zeit,
um in der Ewigkeit an mir zu hangen,
fandst du von Leere dich und Tod umfangen
und grenzenloser Traurigkeit."

Intoleranz abbauen – die Grenzen der Toleranz sehen

Ein schwaches Ich ist dadurch gekennzeichnet, daß es Angst vor fremden Einflüssen hat und deshalb einen Schutzwall von Rechthaberei um sich errichtet. Der in der Tiefe Unsichere ist unduldsam und stellt den Anspruch, daß die Menschen seines Umkreises keine andere Meinung als seine eigene haben müßten. Er kann die andere Meinung, die andere Lebensvorstellung nicht ertragen, weil er, ohne das zu wissen, dumpf fürchtet, von ihr überstülpt zu werden, sich selbst nicht behaupten zu können. Intoleranz läßt sich also nur bekämpfen, wenn man sich klarmacht, daß die hitzige Abwehr einer anderen Meinung eine unangemessene Reaktion ist, die der Wirklichkeit nicht entspricht und die ganz und gar nicht dem Recht auf freie Meinungsäußerung nachkommt. Jeder demokratische Staatsbürger hat dieses Recht – es ist grotesk, wenn ein Ehepartner es seiner zweiten Hälfte abspricht. Freilich ist es wichtig, daß der mit Intoleranz traktierte Partner dieses Recht nicht einfach fordert, sondern erst einmal versteht, daß der Partner hier eine Schwierigkeit mit sich selbst hat und daß es wichtig ist, ihn an seiner Achillesferse zu schonen. Keiner von uns käme auf die Idee, einem Verwundeten mit Absicht weitere Verletzungen zuzufügen. In diesem Sinn sollte ein Partner, der erlebt, daß sein Gegenüber rechthaberisch und vielredend einen Standpunkt vertritt, der objektiv nicht haltbar ist, nun nicht nach dem Sieg-Niederlage-Prinzip alle Kraft zur Widerlegung der Meinung aufbieten. Liebe versteht und Liebe schont. Rechthaberei und Intoleranz sind Symptome eines unzureichenden Selbstwertgefühls. Es ist wichtiger, dies bei passender Gelegenheit nachzuüben, bis Kritik und Widerrede ertragen werden können. Das soll nicht heißen, daß jede Intoleranz nach dem Motto "Der Klügere gibt nach" vom Partner schweigend erduldet werden darf. Das Aushalten von Intoleranz hat dort seine Grenze, wo es um Entscheidungen über zentrale Lebensprobleme, um die Zukunft des Ganzen geht. Kein Mensch darf zum Beispiel um der Toleranz willen den Sinn seines Lebens verraten. Die Gemeinschaft mit dem Partner hat dort aufzuhören, wo dieser zu verbrecherischer Handlung, zum Abschwören des Glaubens, zu zerstörerischer, statt zu aufbauender Handlung auffordert. Es gibt eine Entscheidung zur Trennung, die unumgänglich notwendig ist – im Sinne jenes Christuswortes vom herauszureißenden Auge.

Vor kurzer Zeit erhielt vor einem norddeutschen Jugendgericht eine jugendliche Ehefrau zehn Jahre Gefängnis – das Höchstmaß an Strafe für diese Altersstufe –, weil sie bei zwei der Mordtaten ihres Mannes an jungen Mädchen dabei gewesen war und auch bei der Vorbereitung zu einem dritten Verbrechen nicht von seiner Seite gewichen war. Hier ist Kumpanei zur Treulosigkeit gegen Gott und die gesetzliche Ordnung geworden und muß deshalb – trotz der schrecklichen Lebenstragödie dieser Frau – mit Recht geahndet werden.

So wesentlich es für eine gute Eheführung ist, Toleranz im Hinblick auf Verschiedenheiten der Meinungen und des Charakters zu üben, so unumgänglich ist eine klare Entscheidung zur Trennung nötig, wenn einer sich anschickt, sich selbst, seinen Partner, seine Kinder in den Strudel einer Zerstörungssucht zu reißen. Schwer Alkoholkranke machen das, aber auch Geisteskranke, Kriminelle und ideologische Fanatiker. In Fällen, in denen ein Partner so seine Eheunfähigkeit beweist, entsteht die traurige Notwendigkeit, daß Maßnahmen zum "Gesundschrumpfen" ergriffen werden.

Ja-sagen zum Lebensrecht des Partners

Viele Irrtümer und Zerreißproben in einer Ehe entstehen dadurch, daß unbewußt und naiv in uns sich die Vorstellung einnistet: Mein Partner liebt mich – er hat es mir gezeigt, durch den Entschluß zur lebenslänglichen Gemeinschaft bewiesen; ich bin sein "Ein und alles"; es wird fortan das Ziel seines Lebens sein, mir alles zuliebe zu tun, sich um meinetwillen aufzugeben, so wie auch ich mich ihm vollständig preisgebe.

Ich sagte bereits in anderen Kapiteln: Diese Vorstellung ist deshalb falsch und auf Dauer nicht durchhaltbar, weil keineswegs Partnerschaft und Ehe Selbstzweck sind, sondern allein eine Konkretion *der* großen Zukunftsaufgabe, die Liebe in der Welt zu mehren. Diese Vorstellung ist aber auch deshalb falsch, weil wir nur mit einer Portion Selbstverteidigung, nur auf dem Boden eines Stückes "lebenserhaltenden Egoismus" die Voraussetzung dazu haben, solche geistigen Ziele zu verwirklichen.

Wer sich total aufgibt, wird lebens- und eben damit auch liebesunfähig. Weil diese "Gesetze" in uns "einprogrammiert" sind, halten wir das totale Ineinander-Aufgehen grundsätzlich nicht durch. Wir werden wieder zurückgetrieben in ein Mehr an Egoismus und hingetrieben zu Aufgaben, die sich nicht nur durch Ehe verwirklichen lassen. Das geschieht leider mit uns selbst unmerklich.

Was uns hingegen mit Empörung und Befremden bewußt wird, ist, daß der Partner nicht hält, was er zu halten doch versprach. Längst wieder im eigenen Fahrwasser, stellen wir empört fest, daß unser Beiboot-Partner nicht im Kielwasser blieb und sind dann allzu rasch geneigt, ihm Lieblosigkeit, Vertragsbrüchigkeit und Eigensucht vorzuwerfen. Wir beginnen Dienstbarkeit zu fordern, sind aber verabsolutierter Dienstwilligkeit längst unversehens entschlüpft. Es ist nichts als Dummheit, solch einen Zustand hochzuzüchten. Wir können ihm hingegen entgehen, wenn wir uns klarmachen, daß wir unserem geliebten Partner den Boden – auch zum Lieben – entziehen, wenn wir ihm sein Recht auf Eigenständigkeit vorenthalten.

Jeder Mensch hat ein Recht darauf, nach einem anstrengenden Arbeitstag müde zu sein. Ihn schmollend der Lieblosigkeit zu bezichtigen, weil er sich unfähig fühlt, zu einem Tanzabend oder in eine Oper zu gehen, heißt, in der Ehe mit ungleichen Maßen zu messen, wobei gerade die eigene Ichsucht übersehen wird. Jeder Mensch hat ein Anrecht auf Entspannung, ein Anrecht auf Schweigen in der Gemeinschaft aus eben diesen Gründen etwa. Wir haben das Recht, dafür zu sorgen, so daß wir uns sättigen können, das Recht, über den Besitz zu verfügen, den wir uns erarbeitet haben, unsere Begabungen auszubauen. Rechte dieser Art müssen wir unserem Partner zubilligen, wenn wir dauerhaft glücklich leben wollen.

Nimmt der eine in einer Ehe die Rechte für sich in Anspruch und schiebt dem anderen die Pflichten zu in der verblendeten Vorstellung, das stünde ihm zu, so treten bald die traurigsten Folgen ein; denn selbst wenn etwa eine zum "Dienen" erzogene Ehefrau klaglos dieses Schicksal auf sich nimmt, setzt das große Meutern unbewußt und gegen ihren eigenen Willen ein. Auf einem solchen Hintergrund können Briefträgernymphomanien und ähnliches zustande kommen.

Kinderprobleme bewußt lösen

Trotz aller unserer Möglichkeiten zur "Familienplanung", trotz oder gerade wegen all unserer Bewußtheit, ist in unserer Gesellschaft das Problem "Kinder" nicht kleiner, sondern größer geworden. Früher trat der Kindersegen im allgemeinen eben einfach ein. Heute fragen sich manche junge Paare: Kann man überhaupt noch Kinder in *diese* Welt setzen? Grundsätzlich läßt sich dazu sagen: Kinder zu bekommen bleibt auch heute noch der unmittelbarste Weg, um die Erfüllung seiner Liebe zu erleben. Es bleibt ebenso geheimnisvoll wie augenscheinlich, daß ein Wesen mit Erbanlagen von beiden Eltern entsteht, etwas einmalig Neues, aus den Hälften zu staunenswerter Einheit Kombiniertes. Die Gründung einer Familie zeichnet darüber hinaus auch ganz deutlich gleichnishaft den Sinn des Weges eines Ehepaares ab: nämlich durch die Erziehung der Kinder an der Fortsetzung und Gestaltung der Zukunft mitzuarbeiten. Überzeitlich ist Familienbildung eine tief sinnerfüllende Aufgabe. Freilich: Ein Paar kann auch ohne Kinder eine erfüllte Ehe führen unter der Voraussetzung, daß in anderer Weise in gemeinsamer Anstrengung für die Zukunft gearbeitet wird. Dennoch ist eine freiwillige Kinderlosigkeit allein mit dem Argument, die Erde nicht weiter mitübervölkern zu wollen, höchst fragwürdig. Nicht selten ist dieses Argument nämlich nur eine Scheinbegründung, um die eigene Bequemlichkeit zu bemänteln. Selbsttäuschungen dieser Art, mit deren Hilfe aus Trägheit fundamentale Lebensaufgaben umgangen werden sollen, tragen auf die Dauer nicht. Schwere Krisen entstehen, wenn das Leben dann schließlich als schal und sinnlos empfunden wird. Schon unsere Alten haben uns in Mythen und Märchen die Weisheit vermittelt: daß Glückssuche ohne alle Anstrengung vergeblich ist, daß nur der ans Ziel kommt, der Wagnisse und Herausforderungen auf sich nimmt, der die Aufgaben ohne die Furcht anpackt, sich dabei die Finger schmutzig zu machen.

Aber selbst wenn der Entschluß zur freiwilligen Kinderlosigkeit aus der verantwortungsbewußten Sorge um die Überbevölkerung der Erde geboren sein sollte, bleibt zu fragen, ob er berechtigt ist. Menschen, die in dieser Weise fragen, haben immer einen gewissen Status von Bewußtheit erreicht. Menschen, die nicht nachdenken, setzen oft unüberlegt ein ganzes Rudel von Kindern in die Welt, ohne daß diesen dann auch nur die allernötigsten Anfangsbedingungen erfüllt werden können. Vernachlässigte Kleinkinder aber werden verwahrloste Erwachsene. Kind ist also nicht gleich Kind. Menschen, die über genügend finanzielle, geistige und seelische Möglichkeiten verfügen, einige Kinder sorgfältig zu erziehen, haben infolgedessen in bezug auf dieses Problem eine große Verantwortung. Wir brauchen nicht verwahrloste Menschen, sondern kultivierte, hochbegabte einzelne, wenn unsere Kultur nicht untergehen soll.

Ein Paar, das sich dergestalt seiner Verantwortung für die Zukunft bewußt geworden ist, sollte sich aber dennoch die Frage stellen, zu welchem Zeitpunkt die Geburt eines Kindes für es am besten wäre. Kaum eine Vogelart legt Eier, ohne vorher sorgsam für die Jungen ein Nest gebaut zu haben. Auch Kinder brauchen eine Menge an Voraussetzungen, um gedeihen zu können. Eine Frau, die ihre Berufsausbildung noch beenden möchte, sollte nicht gleichzeitig Kinder gebären. Sie müßte sie fremden Personen überlassen; und selbst wenn das die liebste Großmutter ist, bedeutet das Abschieben von Verantwortung einen Risikofaktor für die Charakterentwicklung des Kindes. Darüber hinaus verwöhnen ältere Frauen oft ihre Enkel – auch die alten Affendamen haben bei der Erziehung ihrer Spätlinge nicht mehr die rechte Energie, hat uns die Affenforscherin Jane Goddall berichtet. Verwöhnte Kinder aber können unglückliche, anspruchlerische, egoistische, passiv-unordentliche Erwachsene werden. Es ist ein zu niedrig angesetzter Lebensplan, auf jeden Fall erst einmal Kinder zu bekommen und keine Gedanken darauf zu verschwenden, ob die Möglichkeit vorhanden ist, das *Richtige* für sie tun zu können. Wer Kinder in die Welt setzt, nur um der Umwelt zu beweisen, daß er dazu in der Lage ist, und ohne zu ihrer Fürsorge und Erziehung durch persönlichen Einsatz, Einschränkungen und Opfer bereit zu sein, versündigt sich schwer an ihnen und bekommt diese Schuld als einen Bumerang in Gestalt aufrührerischer, böser Unbotmäßigkeit spätestens in der Pubertät wieder zurück. Kein Heim, keine Kinderkrippe, kein Grundschulinternat kann die Ausbildung des Kindes zum Menschen durch opferbereite Liebe ersetzen. Nur über individuelle Betreuung wird das Kind ein soziales Wesen, eines, das später durch ein Maß an überschüssiger seelischer Kraft daran mitwirken kann, daß unsere Welt allmählich menschenfreundlicher wird. Seelisch ungepflegte Kinder aber bleiben schwach, bleiben infolgedessen lebenslänglich übertrieben egoistisch.

Über die Zahl und den Altersabstand der Kinder kann es bei einem Paar zu heftigen Meinungsverschiedenheiten kommen. Ich habe einmal in meiner Praxis erlebt, daß ein Ehemann seine Frau, nachdem sie drei Kinder geboren hatte, zwang, eine lebensgefährliche Operation auf sich zu nehmen, weil er sein Erbgut für so wertvoll hielt, daß daraus noch mehr Kinder entstehen müßten. Da sich die Frau der kinderreichen Familie nicht gewachsen und durch solche herrschsüchtigen Handlungen mit Recht erniedrigt und mißbraucht fühlte, wurde sie bald nach der Geburt mehrerer Töchter unheilbar depressiv, und die Kinder bekamen schwere Neurosen.

Es gibt auch heute noch Frauen, die meinen, nur glücklich sein zu können, wenn ihre Wiege Jahr für Jahr immer neu besetzt ist. Kinderreichtum erfordert ein außergewöhnlich hohes Maß an seelischer Kraft der Eltern, wenn die "Brut" nicht durch zu große Enge im Nest Schaden nehmen soll. Behutsame gemeinsame Überlegungen zur Familienplanung müssen deshalb immer wieder angestellt werden. Es gibt eine mütterliche Triebhaftigkeit, die sich ohne Rücksicht auf Kosten von Mann und Kindern in uns Frauen durchsetzen will. Auch bei Entscheidungen dieser Art hilft das verantwortliche Hinschauen auf den überpersönlichen Aspekt etwa in Form der Fragestellung: Haben wir die Kraft, den Platz, das Geld, die Hilfsmöglichkeiten, um mehr als zwei oder drei Kindern die optimale Möglichkeit zu ihrer Entfaltung unter unserer Obhut zu gewährleisten? Aus der psychologischen Praxis darf noch hinzugefügt werden: Der Abstand von zweieinhalb bis drei Jahren zwischen zwei Geburten hat sich für die Kinder und Eltern als der günstigste erwiesen. Zu kurze Abstände erzeugen vermehrte Rivalitätsprobleme und lassen die Kinder in der so wichtigen ersten Lebenszeit häufig zu kurz kommen. Zu große Abstände dagegen geben weniger Möglichkeiten, an den Geschwistern Anpassung einzuüben.

Demoskopische Befragungen und Statistiken der letzten Jahre haben deutlich gemacht, daß zunehmend mehr die Tendenz entsteht, ein einziges Kind in die Welt zu setzen. Das ist besonders fragwürdig, wenn auf diese Weise nur eine knappe Konzession gemacht wird gegenüber dem eigentlichen Wunsch, kinderlos zu bleiben. Solche Kinder werden nicht um ihrer selbst willen angenommen und geliebt. Sie sind nur scheinbar Wunschkinder; sie dienen vielmehr als Dokumentation der Zeugungsfähigkeit ihrer Eltern, sind allein zu deren Selbsterhöhung ins Leben gerufen. Eine solche Fehleinstellung kann sich auf die seelisch gesunde Entwicklung des Kindes negativ auswirken. Darüber hinaus haben es Einzelkinder grundsätzlich schwerer, weil sie im Kleinkindalter alle erwachsenden Rivalitätsprobleme an Erwachsenen und nicht an Geschwistern abmachen müssen, um sich durchsetzen und anpassen zu lernen. Das Spielen mit Kameraden, das Anmelden in einen Kindergarten kann Hilfe sein, ist aber kein vollgültiger Ersatz. Ein, zwei, oder drei Geschwister zu haben ist für den Menschen die beste Möglichkeit, in die Realität des Lebens hineinwachsen zu können.

Viele Ehekonflikte entstehen durch Entscheidungen, die über die Kinder und mit den Kindern getroffen werden müssen. Grundsätzlich sollte sich jedes Ehepaar vor Beginn solcher Auseinandersetzungen klarmachen, daß die Kinder weder Besitz des einen noch des anderen Ehepartners, ja nicht einmal der von beiden sind. Es kann bei solchen Problemen also auch nicht darum gehen, daß der eine oder der andere Verfügungsgewalt über die Kinder hat. Väterliche Worte wie: "Was die Kinder für einen Beruf ergreifen..." oder "wann sie in die Schule kommen, bestimme ich", zeugen von einer machohaften Fehleinstellung gegen die gemeinsame Aufgabe. Eltern sollten sich als die Vormünder, die Sachwalter ihrer Kinder sehen, die in *deren* Interesse das für sie Bestmögliche zu tun anstreben, damit sie gute Gärtner werden "im Weinberg des Herrn". Weichenstellende Entscheidungen sollten unter Abwägung der Argumente im Gespräch zwischen den Eltern entschieden werden, und wenn sie sich dafür nicht kompetent genug fühlen, zum Beispiel in pädagogischen, medizinischen oder juristischen Fragen, sollte man sich nicht scheuen, einen Fachmann zu Rate zu ziehen, ehe man als Paar in einen hitzigen Kampf um den strittigen Punkt eintritt und sich daran zerreibt.

In bezug auf die kleinen Entscheidungen des Alltags mag es auch so etwas wie eine Arbeitsteilung der Eltern geben. Fragen um Kleidung, Schularbeiten, Freizeitgestaltung fallen ohnehin meist in Mutters Ressort, weil sie mehr in der Nähe der Kinder ist; Geldangelegenheiten größerer Tragweite müssen unbedingt auch an den Vater herangetragen werden.

Es ist für die Erhaltung einer guten Ehe von großer Wichtigkeit, daß sich der Vater in seiner Freizeit, zumindest aber am Wochenende mit einsetzt bei der Erziehung der Kinder. Nicht nur sie brauchen zu ihrer gesunden geistigen Entwicklung das väterliche Vorbild und väterliche Führung; die Familienmutter kann ihre Kinder mit mehr Kraft, in dem Gefühl von Sicherheit erziehen, wenn sie die Erfahrung macht, daß ihr Ehemann sich mit all seinem Wollen an dieser gemeinsamen Aufgabe beteiligt.

Ich habe in der Praxis die Erfahrung gemacht, daß Ehefrauen, die in der Erziehung der Kinder von ihren Männern allein gelassen werden, nicht selten eine zu enge Beziehung zu ihren kleinen Söhnen entwickeln, was zu dramatischen Fehlentwicklungen solcher "Kronprinzen" führen kann. Ihre zu enge Gefühlsbeziehung zur Mutter kann in ihrem eigenen Erwachsenenleben komplizierte Schwierigkeiten in bezug auf das andere Geschlecht mit sich bringen. Viele können sich überhaupt keiner anderen Frau verpflichten, manche können nur flüchtige Verbindungen eingehen, sie entwickeln den Charakterzug Treulosigkeit, manche werden gar homosexuell.

Probleme um die Kinder werden um so weniger eine Gefahr für die Ehe, je stärker in strittigen Situationen beide Partner gewillt sind, ihre Orientierung aus dem religiösen Bezugspunkt abzuleiten. Er verhindert, daß Kinder als gegenseitiges Machtinstrument mißbraucht werden.

Lebensqualität anstreben

Ich habe hier ganz bewußt dieses Modewort gewählt, weil unter diesem Begriff so viel Fragwürdiges subsummiert wird. Die Lebensqualität eines Ehepaares ist jedenfalls keineswegs einem hohen Lebensstandard, der Komfortwohnung, dem Auto und der zweimaligen Urlaubsreise pro Jahr nach Gran Canaria gleichzusetzen. Lebensqualität in der Ehe bedeutet die Ausbildung und Bemühung um eine Kultur der Herzen. Diese wiederum ist absolut nicht eine Könnerschaft oder Übereinstimmung im sexuellen Bereich allein; sie ist ausschließlich auf diesem Wege auch keineswegs zu erreichen. Die Lebensqualität eines Paares beginnt wie jede Kultur mit der Dankbarkeit. Es ist fatal gefährlich, sich an die Liebe, die Zuwendung, die Fürsorge seines Partners einfach zu gewöhnen, sie für selbstverständlich zu nehmen oder auf die Idee zu kommen, nach immer neuen, tolleren, teureren Liebesbeweisen zu gieren. Ehe als eine Art Warenaustauschunternehmen zu verstehen, spricht dafür, daß die so Handelnden in Krämergeist befangen sind und keine Kultur haben. Ebenso ist es zwar verständlich, die eigenen Fehler, die man abwehren möchte, auf den Partner zu übertragen und alle Unbotmäßigkeiten der Kinder mit dem schlechten Erbgut oder der Dummheit der angeheirateten Familie zu begründen; denn der unreife Mensch braucht den "Projektionsmechanismus", um sich selbst zu beschützen; mit einer Kultur des

Liebens haben solche Vorwürfe nichts gemein. In einer Kultur des Liebens wägt man die kritischen Worte, die man gerade aussprechen will, ab und stellt sich insgeheim die Frage, ob sie irgendetwas beisteuern können zur Vertiefung der Gemeinschaft oder ob sie durch die Roheit des Wortes verletzen. Kultur des Liebens legt Wert auf das Heilbleiben des Partners und schont ihn, um dieses Heilsein nicht sinnlos aufs Spiel zu setzen. Böse Worte können das Bild dessen zerstören, der sie ausspricht, sie können töten wie ein Pistolenschuß oder ein Schwerthieb. Lebensqualität in der Ehe ist nicht zu erreichen ohne das Mühen beider, ihre Zunge im Zaum zu halten. Außerdem hört jede Kultur dort auf und wird dort automatisch zerstört, wo die Gewalt sich einnistet. Ehen, in denen immer wieder geschlagen, getreten und mit Gegenständen nach dem Partner geworfen wird, sind von dem Akteur gebrochen. Deshalb scheidet das Gericht solche Ehen mit Recht. Freilich kann es auch in einer kultivierten Ehe so etwas wie einen Durchbruch primitiver Reaktionen, eine Art Vulkanausbruch geben; aber solche groben Störungen sollten grundsätzlich Anlaß sein zu einer langen Phase sorgfältiger "Aufbauarbeiten" mit der wiederholten Bitte um Verzeihung, einer Analyse der zu dem Ausbruch geführten Situation und der Verabredung zu gegenseitiger Hilfe in ähnlich gefährlichen Lebenslagen. Zur Qualität einer Ehe gehört auch das Lernen und sorgfältige Respektieren der gegenseitigen Empfindlichkeiten. Keiner von uns ist von ihnen frei. Der eine ist empfindlich gegen Hitze, der andere gegen Kälte, der eine ist allergisch gegen bestimmte Geräusche, der andere gegen Gerüche. Den einen macht es wild, wenn der

Partner nicht auf die Minute pünktlich ist, der andere wird nervös, wenn die Türen offenstehen. Liebe läßt sich kaum sicherer beweisen als damit, daß man sich Mühe gibt, den Animositäten des Partners gegenüber Schonung walten zu lassen und ohne viele Worte sinnlose Reizungen zu vermeiden. Es gibt für jeden von uns Unannehmlichkeiten, die wir nicht verändern können oder aus Überzeugung auch nicht verändern wollen. Zum Konflikt wird eine solche Lage erst, wenn zwei gegensätzliche Animositäten aufeinanderprallen, etwa wenn der eine morgens nicht sprechen kann und durch Gesprächsversuche des anderen kribbelig wird, der andere aber sprechen muß, um in Schwung zu kommen. An solchen allergischen Punkten sollte man einen Konsens suchen, etwa indem der morgenschweigsame Mann seine Morgentoilette und das Frühstück allein absolviert und die redselige Ehefrau derweil einen Plausch mit den Kindern, der Bäckersfrau, oder der Nachbarin macht.

Es ist nicht schwer, sich zur Steigerung der Lebensqualität in der Ehe viel Gutes und Liebevolles einfallen zu lassen, wenn man es nur für eine sehr wichtige, höchst wertvolle Aufgabe hält, die Liebe wie eine kostbare Blume zu pflegen. Dann winkt auf dem Weg nach Hause so viel Hübsches, das sich mitbringen läßt, dann fällt beglückend ein, das auf den Tisch zu bringen, was der Mann am liebsten ißt, dann nimmt man mit Freude Rücksicht auf den geheiligten Mittagsschlaf, auf das Unvermögen, aus Tontassen Tee zu trinken oder bei Licht einzuschlafen. Für alle diese Eigenheiten lassen sich Lösungen finden, wenn einer den anderen nur gelten läßt und ihn annimmt in all seiner Widersprüchlichkeit. Nur so ist die Basis geschaffen für Kultur in der Ehe. Es hieße aber, die Probleme von uns Menschen zu vereinfachen, wenn wir meinen würden, mit ein wenig Takt, Respekt und Rücksicht auf beiden Seiten gäbe es keine Schwierigkeiten mehr. Die meisten Menschen stehen in der fatalen Gefahr, gute Behandlung keineswegs besonders gut vertragen zu können. Wer besonders viel freundliche Beachtung und Rücksichtnahme zum Beispiel in Anbetracht von körperlichen Leiden erfährt, gerät – gänzlich unbewußt – in die fatale Versuchung, *mehr* Leiden zu entwickeln. Anerkennung und Beachtung, auf welchem Sektor auch immer, tragen die Teufelsklaue in sich, diesen Sektor auszubauen, bewirken "Verstärkung", können süchtige Aufblähung egoistischer Ansprüche bewirken. Unser Ego ist ein Machthaber, und halten wir es nicht bewußt in Schranken, kann es zu einem kannibalistischen Gewaltherrscher entarten. Auch Zuwendung ist nicht immer bekömmlich. Sie bedarf eines Partners, der reif genug ist, sie nicht für sich zu mißbrauchen.

Viel zuwenig wird heute im allgemeinen bedacht, daß Ehekultur auch davon abhängig ist, daß die Partner ihr *Erleben* miteinander pflegen. Fühlfähige Menschen werden von sehr unterschiedlichen Inhalten angerührt und angesprochen. Der eine kennt das Ergriffenwerden von großer Musik, der andere weiß das vom Sonnenaufgang in den Bergen. Der eine wird von einem Rembrandt tief aufgewühlt, der andere vom Anblick eines Ozeanriesen beim Einlaufen in den Hafen, der eine durch eine Messe, der andere durch Meditation im Anblick einer Blume. Jeder fühlfähige Mensch bringt solche Erlebnisse in seine Ehe mit und sehnt sich nach einer Wiederholung solcher Stunden mit dem geliebten Partner in innerer Gemeinsamkeit.

Wenn wir uns klarmachen, daß solche Stunden des Erlebens uns deshalb so wichtig sind, weil sie uns durch unser Ergriffensein eine Erfahrung des Transzendierens über unser Ego hinaus vermittelten, daß es im Grunde Offenbarung Gottes ist, gelebte Religion, so werden Ehepartner nicht nur darauf bedacht sein, sich gegenseitig ein Suchen nach Erlebnissen ähnlicher Art zu gewähren, sie werden in Ehrfurcht vor diesem besten Teil in ihnen versuchen, mit dem Partner mitzuhalten. Das läßt sich nun freilich nicht erzwingen. Wir haben offenbar sehr verschiedenen Wellenlängen in unseren Antennen zur Transzendenz. Und es ist gut, wenn Ehepartner sich diese ihre Verschiedenheiten mitteilen und sie tolerieren. Aber wir sollten unsere Partner zu den Orten ihres Erlebens begleiten. Nur allzuoft ergibt es sich, daß ein solches Opfer sich unversehens in ein Geschenk verwandelt, daß für *beide* der Anblick des offenen Meeres und seiner Brandung oder das Ritual eines Gottesdienstes in der Gemeinsamkeit unversehens zu doppelt starkem Fühlen wird. An den zentralen Punkten ihres Erlebens sollten Ehepartner beieinander sein, jedenfalls sollten sie nicht leichtfertig vom gemeinsamen Gang zurücktreten; solche Stunden können weit hinauftragen und eben deshalb auch voneinander entfernen, wenn sie nicht gemeinsam gesucht werden. Wir haben heute wie nie Menschen je zuvor die Chance, die Zeit und die Möglichkeiten zur Ausbildung einer sensiblen Erlebnisfähigkeit bekommen. In fortwährender äußerer Existenzbedrohung und -bedrängnis bildet sich keine Kultur der Empfindungsfähigkeit. Die Gedanken und Pläne sind mit der Sorge um die Bedürfnisse des nackten Daseins ausgefüllt. Das befriedigt den Menschen aber nicht auf die Dauer. Er strebt nach einer Verminderung der Plagen, nach einem Gewinn von mehr Freizeit. Diesen Status haben wir heute erreicht: Die Medizin schenkte uns Ungeheuerliches: verlängerte Lebenszeit, die Möglichkeit, Schmerzen zu lindern oder gar zu beseitigen, nicht durch unerwünschten Kindersegen überbürdet zu werden. Die Technik, die soziale Gesetzgebung machte uns in so vieler Hinsicht sorglos und damit frei! Freilich besteht an dieser Stelle für uns die Gefahr, diese geschenkte Zeit mit Zerstreuungen auszufüllen. Der Fernsehapparat ist das einfachste Instrument dazu; aber auch auf viele andere Art läßt sich die gewonnene Zeit totschlagen – lange Autoreisen an den Wochenenden, Zeitungen und Illustrierte, Lärmmusik oder einfach nur in einer Gastwirtschaft Bier trinken, so viel nur hineingeht. Diese Wege zur Gewohnheit zu machen sind gefährliche Irrwege. Der Mensch langweilt sich trotzdem, er muß geradezu auf die Jagd nach der Unterdrückung seiner Langeweile gehen. Das liegt daran, daß er auf diese Weise an sich selbst vorbeilebt. Und er empfindet das dumpf als ein Unglück, sehr viel mehr noch, wenn er im Wohlstand versumpft, als wenn die Daseinsnot ihn erdrückt. Jedes Ehepaar muß wissen, daß, je älter es wird, um so fordernder in seiner Seele das Bedürfnis zu einer Verfeinerung seiner Sinne entsteht. Wer das Grobe in sich pflegt, den Lärm, den passiven Genuß, den Spaß an der Sensation, vergröbert, stumpft ab, geht seelisch zugrunde. Sehr richtig heißt es deshalb in einem modernen Lied: "Wir sterben nicht allein an unserm Tod", denn wir können unter Umständen seelisch längst tot sein, wenn uns im Alter der physische Tod erreicht – oder wir können so gelebt haben, daß der leibliche Tod für uns ein Tor ist zur Ewigkeit, für die wir uns zu unserer Lebenszeit bereits vorbereiteten. Lebensqualität in der Ehe pflegen, das heißt miteinander Stunden der Besinnlichkeit zu suchen, zu erkämpfen und sie als "Feiertag zu heiligen".

Wir setzen uns heute so leichtfertig über Traditionen und herkömmliche Zeremonien hinweg. Dabei sind sie oft keineswegs überflüssig – wir verstehen nur ihren Sinn nicht mehr. Es ist nicht sinnlos, einen Sonntag festlich zu begehen, mit einem geschmückten Tisch, mit feiertäglicher Kleidung, mit gemeinsamen Unternehmungen. Solche Formen stellen Vorbereitungen dar für Gefühlserlebnisse, sie sind schon in jungen Jahren Übungen auf transzendierendes Erleben hin.

Es ist sinnvoll, zu erforschen, zu erlesen, was für Wege zur Kultivierung in der Geschichte erfolgreich begangen worden sind. Die Ägypter, die Griechen, die Römer, das Mittelalter, die Chinesen haben uns unermeßliche Schätze zu vermitteln. Die Beschäftigung mit solchen Inhalten, in gemeinsamem Interesse bewußt vollzogen, kann uns aufschließen und unsere Seele bilden, so daß wir jenseits unserer Lebensmitte zu einer Steigerung und Vertiefung unserer seelischen Kräfte kommen. Die Zukunft unserer abendländisch-christlichen Kultur wird davon abhängen, ob eine größere Schar von Paaren diese Aufgabe erkennt, deren Erfüllung darüber hinaus zu einem echten Altersglück führen kann. Denn der Mensch ist ein Angerufener – er geht an seiner Bestimmung vorbei, wenn er nicht alles daransetzt, die inneren Ohren wachzuhalten und die Sensibilisierung dieses Organs zu steigern. Das religiöse Bedürfnis ist das wichtigste Bedürfnis im Menschen – es zu verleugnen, unter Tand zu verschütten, macht spätestens im Alter anfällig für Resignation und Hoffnungslosigkeit.

Machtteufelchen den Garaus machen

In unserer Zeit wird so viel von der bösen Machtausübung der Herrschenden gesprochen. Wir sind geradezu darauf getrimmt, uns unterdrückt zu fühlen und den Ausbeutern den Kampf anzusagen; dabei haben wir wenig Chancen, eine stärkere Humanität in uns zu entwickeln, solange wir ein solches unrealistisches Klischee anwenden nach dem Motto: "Alles Böse, mich Behindernde sitzt draußen, in meiner Umwelt, in der Gesellschaft – ich hingegen, ich kleiner Unschuldsengel flattere in solcher Bedrängnis hilflos gequält mit den Flügeln." Nein, so ist es eben nicht: Schon wo zwei Menschen über längere Zeit zusammen sind, regt sich versucherisch und "gesichtlos", das heißt unbewußt, der Machtteufel, regt sich das versteckte Bedürfnis, das gemeinsame Territorium durch Machtergreifung zu dem in Alleinherrschaft regierten Königreich zu machen.

Das geschieht ganz automatisch in uns, weil es der Teil eines biologischen Bedürfnisses ist, das für Selbsterhaltung sorgt. Sind wir aber nicht wachsam gegen diese unsere Biologie, so wird unversehens ein zerstörerischer Teufel daraus – eben indem wir schrankenlos egoistisch unseren Verstand, unsere Schläue, unsere Möglichkeit zu planen und zu argumentieren, zum Instrument mißbräuchlicher Machtimpulse werden lassen. Auf wieviel raffinierte Weise läßt sich Macht ausüben: Wir Frauen neigen zum Beispiel dazu, das Klischee vom "schwachen Geschlecht" vor diesen Karren zu spannen. Man kann mit Wehleidigkeit Macht ausüben, man kann Abhängigkeiten von bestimmten Lebensgewohnheiten (im sexuellen Bereich, im Bereich der Eß- und Schlafgewohnheiten) zu einem willkürlichen System von Gewähren oder Verweigern umfunktionieren, man kann Schuldgefühle geradezu erpresserisch ausnutzen. Seit dem ersten Sündenfall ist Eva darin immer noch unerschöpflich. Aber Adam steht ihr in nichts nach; abgesehen davon, daß in ihm mehr als bei ihr das Bedürfnis zu unterwerfen, die Festung zu bezwingen, elementarer – als ein biologischer Drang und daher als eine Quelle höchst naiver Lüste – vorhanden ist; und das kann nur allzuleicht in ein quälerisch-perverses Bedürfnis ausarten, den Partner in die totale Unterwerfung zu zwingen, um ähnlich triumphierend wie der Jagdhund über dem erlegten Wild Machtausübung in Stolz zu genießen.

Machtbedürfnisse sind wie die Affenbrotbäume auf einem der Sterne des kleinen Prinzen bei Saint-Exupéry: Sie wachsen in Windeseile zu wuchernden Ungeheuern, wenn nicht täglich neu in diesem Garten der Lüste fleißig gejätet wird.

In einer guten Ehe wird die Existenz des Bösen in uns nicht geleugnet oder in kindischer Manier auf den Partner verschoben, sondern sich gegenseitig liebevoll das Recht zugebilligt, jeder des anderen Affenbrotgärtlein mit zu bewachen. Liebevoll jäten zu helfen bedeutet zum Beispiel, seinen Partner augenzwinkernd darauf aufmerksam zu machen, daß er sich ungefragt und ohne Verabredung bereits mehrere Male hinter das Steuer des gemeinsamen Autos verfügt hat, obgleich er weiß, daß der Partner genauso gern wie er selbst steuern mag.

Ein freundliches Bewußtmachen von der Anwesenheit eines Machtteufelchens sollte gestattet sein, wenn der eine einen aufregenden Bericht abgibt, um auf dem Höhepunkt der Spannung genießerisch zu sagen: "Den Rest erzähle ich Dir später." Das Machtteufelchen sollte entlarvt werden, wenn die Mahlzeiten ohne Grund und trotz großen Hungers des Partners hinausgezögert werden, wenn man "einfach so" lange über die verabredete Zeit hinaus fernbleibt, usw. usw. Es gibt auf diesem Sektor unerschöpfliche Möglichkeiten, und sehr oft handeln wir dumpf unbewußt, ohne uns klarzumachen, daß es zerstörerischer Geist ist, der von uns gerade wieder einmal Besitz ergriffen hat.

Wenn der Alltag uns wieder in seine Gewalt nimmt, wenn wir unter seiner Unerbittlichkeit das hohe Lebensniveau wieder verlassen, das uns die Liebe zu unserem Partner zunächst beflügelnd schenkte, geraten wir unversehens in die Gefahr, daß unser elementarer Egoismus wieder stärker hervortritt. Schon die Frage, welches Fernsehprogramm eingeschaltet wird, wenn die Ehepartner darüber uneinig sind, kann in dieser Situation zum hitzigen und ehegefährdenden Streitpunkt werden. Es ist auch nicht gut, wenn in solchen Situationen immer nur der *eine* nachgibt, wie es bereits an anderer Stelle erwähnt wurde. Am besten ist es, wenn das Paar durch die Überlegung zu einer Einigkeit kommt, welches Programm objektiv einen höheren Wert hat. Es ist sicher sinnvoller, die Aufführung einer griechischen Tragödie als die einer Hitparade anzusehen; eben weil jene das "Obere" des Menschen anspricht, ihm seelisch-geistige Kräfte und Orientierungsmöglichkeiten schenkt und seine Lebensqualität steigert. Aber auch bei der Frage, wer die gerade anstehende Pflicht tut, die beiden gleich lästig ist, kann ein heiteres Losen helfen, hitzige Machtkämpfe oder stumme Bequemlichkeiten nicht zum Wuchern kommen zu lassen.

Aufgeblähter Egoismus ist eine dauerhafte Gefahr für jede Ehe. Verblaßt die Spannung der Liebe, zeigt einer der Partner einen Rückfall in hemmungslose Selbstsucht, so führt das unweigerlich in Teufelskreise. Fällt *einer* auf die Stufe ausschließlich egoistischer Lebensinteressen zurück – und sei es nur aus Trägheit –, so provoziert das unweigerlich die egoistischen Abwehrmechanismen des Partners. Die Einheit zerfällt in zwei feindselige Hälften, die sich zwangsläufig gegeneinander verteidigen müssen. Wir müssen die wuchernde Selbstsucht als Gefahr für unsere Ehe im Bewußtsein haben und sie angesichts unseres Lebensziels, die Verwirklichung von mehr Menschlichkeit, zu zügeln versuchen. Mit einer solchen Wucherung werden wir grundsätzlich nur fertig, wenn jeder von uns der Wirklichkeit ins Auge sieht, daß er selbst täglich neu anfechtbar ist und daß wir deshalb der *gegenseitigen* Hilfe bedürftig sind. Diese Hilfe kann freilich nicht darin bestehen, daß der Partner sich jetzt mit Pauken und Trompeten zu einem staatlich anerkannten Dämonenaustreiber macht; vielleicht irrte er sich auch, und nicht Machtteufelchen war anwesend, sondern nur Gedankenlosigkeit. Man sollte sich aber behutsam fröhlich gegenseitig fragen dürfen: "Machtteufelchen?", um dem Partner die Möglichkeit zu geben, aufmerksam zu werden und über sein Verhalten nachzudenken. Nur liebevoll gemeinsame, bewußte tägliche Arbeit kann uns hier aufhelfen in die Welt echter Menschlichkeit hinein. Wie schwer das ist, läßt sich daran erkennen, daß nur in seltenen Ausnahmefällen in den Ehen heute dergleichen zustande gebracht wird. Im allgemeinen geht die Macht nach einer mehr oder weniger langdauernden Phase erbitterter Territoriumskämpfe in die Hand des einen oder des anderen Partners über, worüber bei diesem selbst übrigens meistens Unklarheit bestehenbleibt, oder es kommt zu einer Einbahnung arbeitsteiliger Machtressorts, bei deren Verletzung noch eine Zeitlang Wegbeißereien stattfinden, die sich später zu starrer Regelhaftigkeit verhärten. Das alles läßt sich zwar verstehen, und es ist gewiß besser, als wenn die Ehe am ersten Machtkampf zerbricht; dennoch müssen wir uns darüber im klaren sein, daß wir damit innerhalb unserer intimsten Gemeinschaft über den Status des Hühnerhofes nicht hinausgelangt sind und die Gefahr sich einnistet, daß wir ein starres Ehegehäuse errichten, statt lebendig und wandlungsfähig zu bleiben. Wie unbewußt viele Frauen über das Ausmaß ihres Machtmißbrauchs im Familienbereich sind, geht herrlich lehrreich aus folgendem Witz hervor: Eine Frau, befragt, wer in ihrer Ehe die Entscheidungen treffe, antwortet: "Im Kleinen ich, im Großen mein Mann." Auf die Frage, was sie darunter verstehe, meint sie: "Nun ja, ob wir ein neues Auto brauchen, wohin die Ferienreise gehen soll, wieviel Geld wir ausgeben – das entscheide ich, mein Mann darüber, ob wir der UNO beitreten, Nicaragua anerkennen sollen, ob der Bosnienkrieg weitergeführt werden soll oder nicht."

Nacht- und Tagrhythmen beachten

In den seltensten Fällen sind Schlaf- und Wachrhythmen von zwei Menschen, die sich heiraten, vollkommen gleichlaufend. Am schwierigsten ist es, wenn sich ein notorischer Frühaufsteher mit einer Nachteule verbindet. Es kann zu Verstimmungen führen, wenn der Frühaufsteher, der abends bald bleiern müde wird, seinen Partner regelmäßig wenig geneigt sieht, auch schlafen zu gehen, weil der gerade erst jetzt Frische und Arbeitsfreude entwickelt. Es kann vom Langschläfer als eine grausame Beeinträchtigung erlebt werden, wenn einer ihn um fünf Uhr morgens zum Aufwachen oder gar zum Aufstehen zu ermuntern sucht. Gewiß läßt sich unter den Forderungen des Alltags, der vielleicht beide zwingt, um sechs Uhr aufzustehen, so etwas wie ein Konsens des Zweckmäßigen und Praktischen anstreben. Auch ein "Nachtmensch" wird durch chronisches Schlafdefizit schließlich doch abends rascher müde werden, wenn er konstant gezwungen ist, morgens früh aufzustehen. Aber selbst dann ist der Bedarf an Schlaf oft unterschiedlich und fordert von den Partnern in einer Ehe, diese Verschiedenartigkeit der Bedürfnisse zu respektieren. Bei großer Geräuschempfindlichkeit und Störbarkeit sind in Fällen starker Rhythmusunterschiede getrennte Schlafräume dringend zu empfehlen. Sie zu unterlassen, weil Tante Ida bei Besichtigung der neuen Wohnung den Schluß zieht, dann könne es mit der Liebe nicht weit her sein, und düstere Prophezeiungen von sich gibt, ist eine unzulässige Konzession an die Umwelt. Es kommt nicht darauf an, was Tante Ida von Euch denkt, sie denkt ohnehin wenig günstig, wenn sie beim Kaffee im Familienkreis in Eurer Abwesenheit über Euch schwatzt (das ist ihre Rolle im Familienrivalitätsgefüge), sondern es kommt darauf an, daß Ihr so "vernünftig" miteinander umgeht, daß Eure Liebe nicht an den Lächerlichkeiten des Alltags zu zerbrechen braucht.

Es gibt freilich auch eine "Schlafsucht", die mit einer physiologischen Notwendigkeit nichts zu tun hat. Allerdings können es sich außer den Alten und Kranken nur Menschen in freien Berufen, beschäftigungslose Ehefrauen, Arbeitslose und Superreiche in unserer Gesellschaft leisten, konstant eine Schlafsucht zu entwickeln. Wer aber jede freie Minute zum Schlafen benutzt, ohne überanstrengt zu sein, ohne einen Nachholbedarf zu haben, dem fehlt im allgemeinen noch eine konstruktive Einstellung zum Leben. Er ist noch nicht davon überzeugt, daß das kurze Dasein genutzt werden muß, um der Schöpfung voranzuhelfen. Wer es versteht, seinem Tagwerk Sinn zu geben, einen Sinn, den man mit Interesse und Impetus verfolgt, verschläft nicht seine Tage. Antriebsschwächen dieser Art sind nur durch Einstellungsänderungen zu überwinden, gewiß nicht dadurch, daß der Ehepartner in direkter Fortführung die Rolle der am Bett stehenden drängelnden Mutter übernimmt. Schöpfung schuldhaft verhindern aber bedeutet es, seinen Partner zu einem lebenslänglichen Tagbeischläfer zu machen und dann auch noch die Vorstellung zu hegen, man führe eine ideale Ehe, nur weil man die meiste Zeit im Bett verbringt.

Offenheit pflegen

Schon bei den Kindern ist das so: Am meisten lügen die, die berechtigterweise Angst vor Strafe durch ihre Eltern haben. Wer fürchten muß, daß Offenheit für ihn negative Folgen hat, wäre töricht, wenn er nicht alles darauf anlegte, sich zu verschließen. Wenn wir dauerhaft in größtmöglicher Offenheit miteinander leben wollen, müssen wir uns davor hüten, den anderen schnellfertig zu verurteilen, wenn er etwas mitteilt, das eine Schwäche über sich selbst enthält. Freilich gibt es auf diesem Sektor auch große Unterschiede: Der eine ist leicht bereit und fähig, über seine Gefühle, seine Fragwürdigkeiten und fehlerhaften Handlungen zu berichten; die Starken sind das (gelegentlich sind aber auch Masochisten darunter, die mit sich einen lustvoll quälerischen Kultus der Selbstanklage und der Selbstverurteilung betreiben). Der andere kann sich nur ganz schwer äußern und eigene Schwierigkeiten überhaupt nur mühsam in sein Bewußtsein nehmen, weil er von seiner Kindheit her Verletzungen durch die Außenwelt fürchtet, weil sein Ich schwach oder sein Machtbedürfnis überbordend groß ist. Offenheit *fordern*, Nachspionieren und Aufdecken sind in solchen Fällen gewiß nur verstörende Wege. Der Partner, der keine Schwierigkeiten in dieser Hinsicht hat, sollte seine Offenheit weiter unermüdlich pflegen und die seltenen Gegengeschenke beglückt zur Kenntnis nehmen und das mit Worten und Gesten ausdrücken.

Selbstanklägerische Offenheit in lustvoller Übertreibung ist eine Belästigung des Partners, denn sie dient nicht der Gemeinschaft, sondern einem pervers übertriebenen Bestrafungsbedürfnis. Rücksicht auf den Partner macht es möglich, solche exzentrischen Süchte abzubauen.

Offenheit hat dort ihre Grenze, wo sie den Partner sinnlos kränkt und unsicher macht. So braucht ein Ehepaar zum Beispiel eine ganze Menge Wissen um Traumkunde und tiefenpsychologische Kenntnisse, um sich nicht durch die rücksichtslose Offenheit beim Erzählen von Träumen am Frühstückstisch gegenseitig schwer zu beeinträchtigen. Welche Ehefrau wäre nicht verletzt und beunruhigt, wenn ihr Mann zwischen Brötchen und Zeitung lachend erklärte: "Ich träumte, daß ich von einer atemberaubend schönen Frau fasziniert war und dabei dachte: Wie mache ich es nur, daß Du das nicht merkst?" Schon an diesem einfachen Beispiel läßt sich aufzeigen, daß Offenheit um jeden Preis keineswegs Ehekultur, sondern brutale Taktlosigkeit bedeuten kann. Eine lebenslängliche Ehe gibt viel Gelegenheit, sich langsam, Schritt für Schritt die Reife zum Offensein miteinander zu erarbeiten. Als Postulat setzen, als Partnerrecht fordern läßt sich rückhaltlose Offenheit nicht. Sie läßt sich nur erreichen einerseits durch ein selbstkritisches Nachdenken darüber, was dem Partner zumutbar ist, und andererseits dadurch, daß man ihm immer wieder zu der Erfahrung verhilft, daß man des Vertrauens würdig ist, das er durch seine Offenheit schenkt.

Parteienbildung vermeiden

In den allerseltensten Fällen lebt ein Paar fortgesetzt allein auf einer einsamen Insel. Selten ist es über längere Zeit auch nur in seinem Wohnbereich allein. Meistens wird aus dem Paar eine Familie, oft sind aus Rücksicht, aus praktischen Erwägungen oder aus Zuneigung noch Personen aus dem Verwandtenkreis mit in der Gemeinschaft, Angestellte oder Freunde sind aufgenommen und leben unter einem Dach. Grundsätzlich läßt sich sagen: Je größer die Personenzahl, um so schwerer ist es, in dauerhafter Übereinstimmung miteinander zu leben. Die Schwiegermutter muß geradezu ein Engel von Rücksicht und Taktgefühl sein, um die Gemeinschaft eines jungen Paares bei ständigem Zusammensein nicht erheblich zu stören oder gar zu gefährden. Es ist aber sprichwörtlich, wie selten gerade Mütter, die bei den erwachsenen Kindern leben, diese Eigenschaften haben. Meistens haben sie sich eben schon ein- und aufgedrängt, und die Möglichkeit, jemanden zu haben, der den Haushalt besorgt, ist oft ein hoher, ein zu hoher Preis für das Leben mit der Schwiegermutter. Oft sind Mütter dieser Art immer noch in einer übertriebenen Affenliebe mit ihren Kindern verknüpft und haben unbewußt und in versteckter Machtanmaßung das Ziel, den Ehepartner zu verdrängen und ganz an seine Stelle zu treten. Die Parteibildung von Mutter und Sohn gegen die Ehefrau kann höllisch sein und endet nicht selten mit einer Zerrüttung der ganzen Familie. Das liegt nicht immer an den Manipulationen einer "bösen Schwiegermutter" allein. Auch ohne Aktivitäten der Eltern kann ein Ehepaar die Entdeckung machen, daß dem einen oder dem anderen die Ablösung vom Elternhaus noch nicht gelungen ist. Das kann störende Folgen haben, selbst dann, wenn das Elternhaus vom Wohnsitz des jungen Paares weit entfernt ist. Es gibt Ehefrauen, die nach dem Motto "O, mein Papa" ihren Vater weiter in abgöttischer Sehnsucht lieben und die Liebe ihres Ehemanns am Verhalten des "göttlichen" Vaters messen. Er merkt aber bald, daß er diesem Anspruch niemals gerecht zu werden in der Lage ist. Es gibt Männer, die ihren Ehefrauen gegenüber bald nach der Hochzeit täglich mehrere Male die kränkende Äußerung machen, wie wenig sie in ihren Dienstleistungen der vergötterten Mutter gleichen. Äußerungen dieser Art beweisen, daß der Partner einen seelischen Entwicklungsrückstand hat, der dringend aufgeholt werden muß. Oft ist das ohne eine psychotherapeutische Behandlung nicht möglich.

Aber es ist überhaupt ein bedenkliches Zeichen, wenn ein Paar es für nötig hält, sich bei den zusätzlichen Personen des Kreises Bundesgenossen zu suchen, um dieses Bündnis dann gegen den Ehepartner auszuspielen. Werden gar die Kinder in dieser Weise zu Bundesgenossen gemacht, so nehmen sie meist schweren Schaden, weil der Haß auf eine Person, von der man abstammt, wie Selbsthaß und Selbstverachtung zu wirken pflegt. Besonders tragisch ist solch eine Entwicklung in den Fällen, in denen die Kinder, durch die Not eines Elternteils genötigt, selbst dazu übergehen, Partei zu ergreifen, um die leidende Mutter oder den leidenden Vater vor dem Partner in Schutz zu nehmen. Die kleinen Söhne, die vom siebten Lebensjahr ab ihre Mütter gegen die brutalen Väter verteidigen, haben wenig Chancen, sich je mit ihrer Mannrolle zu identifizieren. Sie wollen lieber so werden wie die Mutter und haben später deswegen häufig erhebliche Schwierigkeiten im Feld der Partnerschaftsfindung.

Erfahrungsgemäß haben die Söhne einen intensiveren Kontakt zur Mutter, die Töchter zum Vater; aber diese unterschwellige Anziehung des anderen Geschlechts innerhalb der Familie sollte auf gar keinen Fall zu einem exzessiven Parteiensystem hochgespielt werden. Es bekommt den Kindern nicht, bis ins Jugendalter hinein in eine Rivalität zum gleichgeschlechtlichen Elternteil gebracht zu werden, denn normalerweise klingt diese einseitige übertriebene Sympathie im Grundschulalter ab. Sowohl ihren Kindern wie den Großeltern gegenüber sollte ein Paar die Rolle unverbrüchlicher Einigkeit bewahren, wenn es nicht zu erheblichen Konflikten kommen soll. Aber das ist natürlich nur möglich unter der Voraussetzung, daß nicht einer der Partner sich durch sein Fehlverhalten chronisch vor der Umwelt ins Unrecht setzt. Die Zeiten, in denen die Väter als herrschsüchtige Tyrannen, die Mütter als zeternde Xanthippen oder heimtückische Giftschlangen absolute Macht ausüben konnten, sind vorüber. Sie handeln sich binnen kurzem in der eigenen Familie eine Feindpartei von Revolutionären ein. In einem Klima permanenter Zwistigkeiten aber kann die Ehe nicht gedeihen, eine Familie sich nicht gesund entfalten. Ein erwachsener Mensch, der lernfähig ist, setzt alles daran, sich Verlockungen zu zügelloser

Familientyrannei zu widersetzen. Nur ein absolut eheunfähiger, schwerkranker Mensch gibt sich solcher negativen Entwicklung ungebremst hin.

Die menschenunwürdigste Situation, in die sich ein Paar hineinmanövrieren kann, besteht darin, daß es einen Zwischenträger zwischen sich duldet; etwa so: Ein etwas larmoyanter Ehemann beklagt sich bei seiner Schwiegermutter über die ihn lieblos dünkende Essenszubereitung seiner Frau und übertreibt dabei, entstellt den Sachverhalt, um im Feld der "Parteigründung" mehr Erfolg zu haben. Die Schwiegermutter hat nichts Eiligeres zu tun, als ihrer Tochter die Klagen – noch ein wenig mehr aufgebauscht – zu hinterbringen. Auf diese Weise wird die Atmosphäre zwischen einem Ehepaar schnellstens vergiftet, und zwar um so mehr, als die Konflikte nicht zur Sprache gebracht werden. Aber auch dann führen sie selten sogleich zu einer Versöhnung; denn die Schuldgefühle des Ehemanns wegen seiner Verräterei, der Ehefrau wegen ihrer Nachlässigkeit, die gegenseitige Verbitterung und ihr Bemühen, sich durch ein Rechtfertigen von der Schuld zu reinigen, beschwören meistens die abscheulichsten Teufelskreise herauf.

Ein Paar sollte sich in solchen Situationen aber klarmachen, daß der größte Sünder eben jener Zwischenträger ist, der oft mit heimlicher Lust und Schadenfreude den Zwist systematisch gesät hat. Der gemeinsame Kampf sollte solchen schwatzhaften Gesellen gelten und eine Kumpanei mit ihnen sollte sofort vermieden werden.

Wir müssen uns darüber klar werden, daß wir niemals darum herumkommen, unter irgendwelchen Unvollkommenheiten unserer Partner, die sich nicht aus der Welt schaffen lassen, zu leiden. Diese Leiden stumm und ergeben nur zu ertragen, den Ärger immer nur "hinunterzuschlucken" kann in bezug auf die seelische und körperliche Gesundheit bedenklich unhygienisch sein. Lasten, die zu schwer werden, führen nur allzuleicht dazu, daß sie sich als schmerzhafte Körperzustände doch ans Licht drängen. Liebevolle Ehepartner sollten es sich deshalb zubilligen, sich bei einem "anständigen", vertrauenswürdigen, tolerant liebevoll zuhörenden Freund ausklagen zu dürfen. Die Voraussetzung zu dieser Regelung ist die Freundschaft dieses Außenstehenden zu *beiden* Partnern des Paares, seine innere Überlegenheit und – unumgänglich – seine Verschwiegenheit! Feindselige Parteienbildung kann bei dieser Handhabung vermieden werden, wenn nicht einseitig, mitleidheischend und aufbauschend nur geklagt wird, sondern auch die positiven Seiten des Partners erwähnt werden. Ein Paar, das sich Seelenhygiene dieser Art zubilligt, statt sie als Verräterei mißzuverstehen, wird die Früchte als eine stabile Gesundheit beider ernten. Zwischenträger aber sollten in geeinigter Aktion mit Schimpf und Schande davongejagt werden. Vergiftende Unanständigkeit kann ein Paar, das Zukunft haben will, in seinem Umkreis nicht dulden.

Querulanz bekämpfen

Wenn ein Säugling Unbehagen fühlt, schreit er, wenn ein Kleinkind müde ist, wird es nörgelig. Wir Erwachsenen haben das berechtigte Gefühl, dieses Stadium unserer Entwicklung hinter uns gebracht zu haben, zumal wir fähig sind, selbst die Quellen unseres Unbehagens ins Bewußtsein zu bekommen und im allgemeinen dann auch die Möglichkeit haben, es abzustellen. Und dennoch lebt in uns allen die Versuchung, gerade in der Gemeinschaft mit einem liebevollen und aufmerksamen Partner, auf diese Stufe zurückzufallen. Oft gibt es natürlich auch noch einmal wieder ähnliche Situationen wie in unserer ersten Lebenszeit: in Zeiten der Krankheit, in denen wir womöglich unbeweglich ans Bett gefesselt sind. Wie sehr dann gerade der *liebevolle* Partner Rückfälle dieser Art begünstigt, läßt sich immer wieder daran erkennen, wieviel weniger erwachsene Menschen es im Krankenhaus, unter der Obhut fremder, organisierter Helfer wagen, ihre Querulanz offen wuchern zu lassen. Es ist wichtig, sich klarzumachen, wie sehr wir dazu neigen, mit der Liebe Schindluder zu treiben, indem wir den liebenden Partner überfordern. Wir bringen aber alle Möglichkeit zur Partnerschaft überhaupt in Gefahr, wenn wir unsere "Hälfte" in eine allgütige Mutter- oder Vaterrolle hineinzuzwängen suchen; denn dann ist der Partner genötigt, sich uns gegenüber wie zu einem Kind zu verhalten, was uns erneut unzufrieden machen muß. Auf diese Weise können viele Teufelskreise einsetzen, die rückwärts- statt vorwärtsführen. Freilich gibt es in jeder Ehe Situationen, in denen der Pegel des Mißbehagens so hoch ist, daß gar keine Möglichkeit besteht, dem Partner angemessen zu begegnen. Viele Frauen habe eine solche Phase einen Tag vor dem Einsetzen der Monatsblutung oder auch in den ersten Tagen der Menstruation. Ein befreundetes Ehepaar steckte sich in Situationen, in denen einer von ihnen nicht ansprechbar war, einen kleinen gelben Wimpel ins Knopfloch – der Partner war dann ohne Worte orientiert und hatte die Möglichkeit zu distanziertem, schonendem Verhalten.

Sitzen wir in einem Schacht von Seelenverdunkelung, so sollten wir nicht das Unglück dadurch verdoppeln und konservieren, daß wir unseren Partner quälen, sondern uns zurückziehen, bis es wieder heller um uns wird. Wenn unsere Übellaunigkeit nicht in einer tiefgreifenden Veränderungsnot und -bedürftigkeit begründet ist, die des Anpackens des Problems bedarf, können wir hoffen, daß sie wieder von uns genommen wird, wie sie gekommen ist, wenn wir nur Geduld mit uns haben und auf den nächsten Morgen hoffen. Wer seine Mißgestimmtheit wie ein Erwachsener tragen kann, ohne sie wie einen mächtig schweren Rucksack dem Partner aufzunötigen, wird erfahrungsgemäß mit einer beglückenden Erneuerung beschenkt. Vor allem aber: wie sehr erleichtern wir es unserem Partner auf diese Weise, uns wärmend anzunehmen und still mitzuhoffen, daß die Sonne bald wieder scheint. Wie sehr können wir auf diese Weise die Überwindung der Verdüsterung beschleunigen.

Reisen einplanen

Es gibt immer noch Leute, die den gemeinsamen Urlaub eines Ehepaares für einen törichten Luxus halten. Oft ist er ja auch faktisch gar nicht möglich: wenn der Schornstein nicht richtig raucht oder wenn die Kinder klein sind. Und doch sind, wenn auch nur achttägige Urlaubsreisen zu zweit, am besten zwei- oder dreimal im Jahr, nach meiner Erfahrung eine fast lebenswichtige Angelegenheit in bezug auf die sorgsame Pflege einer Partnerschaft. Der Alltag, jahraus, jahrein, bildet für die Liebe eines Paares eine riesige Belastung. Wieviel nüchternen Sinn brauchen wir, um den täglichen Anforderungen des Lebens gewachsen zu sein, wie sehr verschüttet das Gleichmaß einer alltäglichen Ordnung das *Außer*-Ordentliche. Wie sehr legt sich durch dauernde Nähe Mehltau über das Gold des Gefühls, über den besten Teil in uns. Das ist einfach so, wir dürfen es nicht betrauern oder den Ausnahmezustand der Wochen des ersten Begegnens zurückzuholen versuchen. Unsere Wirklichkeit will uns im Joch, will den Schweiß und den Ernst der gemeinsamen Mühe, will uns als Werktätige. Aber so wie wir nach der Aktivität des Tages ein Recht auf die Entspannung durch den Schlaf haben, ebenso wie den sechs Arbeitstagen der erholsame, fürstliche Sonntag folgt, ebenso sollten wir den Karren unserer Arbeit im Alltag zwischendurch ausspannen und einige Tage und Nächte wieder nur ganz allein füreinander dasein können. Theoretisch ginge das freilich auch zu Hause, ohne die zusätzliche Ausgabe für Reise und Quartier, aber praktisch ist das selten zu verwirklichen, besonders wenn Kinder da sind. Auf jeden Fall aber bietet der Tapetenwechsel die Möglichkeit, die Stimmung auf eine festliche Ebene zu heben, die für die Pflege der Liebe so entscheidend wichtig ist. Wie gesagt – in der Zeit, in der eine Frau einen Säugling zu pflegen hat, sollte man, um eine Trennung von Mutter und Kind zu vermeiden, auf die Reise verzichten, aber man sollte sie unbedingt dann bereits im Auge behalten und zwischendurch immer einmal wieder miteinander Pläne machen. Es ist nicht nötig, an die Costa Brava zu fahren und in einem Luxushotel zu wohnen. Eine bäuerliche Pension in der Nähe reicht auch, wenn man noch von anderen Aufbauplänen umstellt ist; aber man sollte nicht vor lauter "schaffe, schaffe, Häusle baue" die Sehnsucht nach dem Eheurlaub auf das hohe Alter verschieben, dann ist es dafür nämlich zu spät. Eheurlaub ist grundsätzlich nicht mit Familienfahrten gleichzusetzen, denn sie lassen das Paar nicht zu dem Recht kommen, das es braucht – je kinderreicher die Familie ist, um so weniger. Am besten läßt man die Kinder zu Hause unter der kurzfristigen Obhut einer bekannten oder verwandten Betreuerin. Drei kurzfristige Urlaube belasten eine Mutter in bezug auf die Sorgen um die daheimgebliebenen Kindern übrigens sehr viel weniger als ein einmaliger dreiwöchiger Urlaub im Jahr und geben ihr auch von diesem Gesichtspunkt her mehr Möglichkeit, die Zweisamkeit unbeschwert sorglos zu genießen.

Eheurlaub sollte ganz bewußt nicht mit einer Zeit der Zerstreuung und des flachen Amüsements gleichgesetzt werden. Mit seiner Liebsten zu reisen, enthält eine große Chance gemeinsamer Lebenserfüllung, die man nicht ungenutzt vorübergehen lassen sollte: Man kann durch die gemeinsame Freude an einer unbekannten schönen Landschaft, dem Meer, den Bergen, einem See, einem Wald, dem Erleben großer Kunst in einem Museum, einem Dom, einem Konzert, einem Stadtbild eine unvergleichliche Kommunikation von innen und außen erleben, die in dieser Unmittelbarkeit kaum als Einzelperson empfunden werden kann. Das alles kommt aber nicht von ungefähr zustande. Es setzt Einigkeit und Bewußtheit der Bemühung, Gunst der Stunde und eine bestmögliche Planung voraus. Zu wandern, Ski zu laufen oder zu segeln sind Wege zur Bereitung solcher festlichen Stunden, die neue Kraft geben für den Alltag und die bewirken, daß der Ursprung der Liebe nicht aus dem Gedächtnis verloren wird.

Sexualität verarbeiten

In einer jungen Ehe, in der Kinder erwünscht und das Nest für sie vorhanden ist, ist die leibliche Vereinigung eine grandiose Verwirklichung der Liebe. Kein Schatten fällt auf sie. Es gibt auf Erden keine großartigere Möglichkeit der Einigkeit von Geist, Körper und Seele, von Gegenwart und Zukunft, von Erfüllung und Hoffnung. Es macht selig und dankbar, sich gegenseitig so beschenken zu dürfen, so elementar zu erleben, was Transzendenz ist: hinüberzutreten, das Ich abzugeben an das neue unvergleichliche Wir.

Eigentlich gibt es über dieses Thema deshalb nichts zu reden. Reden ist dafür überhaupt nicht angemessen. Ich will aber dennoch ein paar Worte darüber sagen, weil so viele junge Paare heute durch perverse Klischees verstört und verunsichert werden. Weil in der Öffentlichkeit so viel über Sexualität gesprochen wird, weil Sexualität sogar an Menschen experimentell erforscht wird (z. B. Masters und Johnson in den USA), können junge Paare leicht zu der Vorstellung kommen, es gäbe hier so etwas wie ein "Soll" und eine Idealnorm. Solche Vorstellungen können die Beziehung eines jungen Paares stören und vergiften. Die Fehlvorstellungen eines jungen Mannes, pro Nacht drei- bis viermal "können zu müssen", um als richtiger Mann zu gelten, kann bei sensiblen Männern, die in der Kindheit zu drastisch-fordernd erzogen wurden, zu einem totalen Leistungsblock, zur psychischen Impotenz führen. Jedes Paar sollte gemeinsam solche lächerlichen Manipulationen an einem Mysterium über Bord werfen, und weiter an dem Wissen festhalten, daß ihre Liebe einmalig und unwiederholbar ist; denn dann sind auch alle Einzelheiten unwiederholbar und mit Experimenten unvergleichbar. Ein Mann, der nur einmal in der Woche "kann", kann ein so großer und zarter Liebender sein, daß dadurch jede Sexbullerei in den Schatten gestellt wird. Ähnlich ist es mit dem verhängnisvollen Getöse um den Orgasmus der Frau. Es sind meist Männer, oft gar Romanciers, die hier detaillierte Schilderungen von sich geben, seit der Rummel um dieses Thema floriert. Ich bitte Euch, laßt Euch nicht davon beeinflussen, meßt Eure Liebe nicht an tumben Tabus der Moderne! Kümmert Euch nicht darum, ob sich in Eurem Fall die "Norm" erfüllt. Liebe will keine Vorschrift, ja sie verträgt sie nicht. Laßt es Euch genügen mit der großen Kraft des Fühlens Eurer Herzen, horcht nicht ängstlich auf Eure Innereien, ob sie zustande bringen, was man ihnen befiehlt.

Die große Liebe der Frau geht nicht phallisch als Anstieg und abrupter Abfall der Spannung vor sich, sondern sie schwingt in weichen Rhythmen, und für sie gibt es eigentlich kein Ende; denn für sie ist das Ende der männlichen Erregung im Grunde die Hoffnung auf einen großen lang anhaltenden erregenden Anfang; nämlich die Hoffnung, ein Kind empfangen zu haben.

Nach höchster Verschmelzung findet ein Ansatz zu neuer Trennung statt. Sie zeigt sich auch äußerlich: Der Mann schläft meist schneller ein, die Frau bleibt oft länger wach, horchwach, geweckt für eine Verantwortung, die für die Zukunft beginnt. Ganz unbewußt geschieht das, ohne jede Möglichkeit der Kontrolle, selbst dann noch, wenn die Frau weiß, daß aus dieser Vereinigung kein Kind hervorgehen wird. Die Form der Liebe, der Sexualität der Frau ist unvergleichlich anders als die des Mannes und ihr selbst ein Mysterium. Deshalb ist bisher so wenig Richtiges darüber gesagt worden. Es ist so wichtig, sich nicht mit den Anweisungen aus den Medien zufriedenzugeben, blind durch den Irrgarten modischer, intellektualistischer Fehlvorstellungen zu stolpern und dabei die Orientierung für das Richtige, das Gefühl für unbefangene Spontaneität in der Liebe zu verlieren.

Darüber hinaus: Die Sexualität darf nicht aus dem Zusammenhang gerissen werden. Man sollte die Lust nicht vergöttern. Überwertet nicht die Kunst im Bett nach Illustrierten-Manier. Dies darf niemals ein Bereich der Zensurierung werden! Der Grad der Liebe darf niemals an derartigen Könnerschaften gemessen werden. Sexualität zum Lebensziel zu ernennen führt in die Sucht, ins Gieren nach raffinierten Neuerungen, in Abhängigkeit, Teufelskreise, zu Überdruß und Ekel. Sexualität ist *eine* Ausdrucksform der Liebe – *die* wunderbare Schale für ihr unsterbliches Feuer. Sexualität zum Gott zu ernennen bedeutet Verrat an der Liebe und tötet sie über kurz oder lang unweigerlich. Und ist dieses Paradies erst verspielt, führt kein Weg dahin zurück.

Es gibt innerhalb der körperlichen Liebe nichts Perverses, wenn beide Partner in voller Übereinstimmung stehen. Wird aber irgendeine Praxis von einem der Partner gefordert, von ihm erzwungen, allein um der eigenen sexuellen Befriedigung willen, so ist das keine Kommunikation, steht nicht im Zeichen der Liebe, sondern in der egozentrischen Befriedigungssucht des einen, der dadurch beweist, daß er an einer Sexualneurose leidet. Ein Mann, der seine Frau auffordert, sich von ihm peitschen zu lassen, damit er sexuelle Befriedigung erlange, ist schwerkrank und zeigt durch eine solche Überforderung seines Partners, daß er eheunfähig ist. Liebe bedeutet es in einem solchen Fall, fachmännische Hilfe zu suchen. Es ist Ehebruch, dies dem Partner und sich zu verweigern. Sexuelle Perversionen in der Ehe über Jahre zu praktizieren führt in eine schreckliche Sackgasse, die oft nur durch das Zerbrechen des einen oder beider Partner ein Ende nimmt. Mit Liebe und einem klaren Kopf lassen sich solche Verläufe durch vorbeugende Behandlung verhindern. Jeder qualifizierte Psychoanalytiker ist auf diesem Sektor ein versierter Fachmann.

Ihn in Anspruch zu nehmen ist auch nötig, wenn es sich erweist, daß der Ehemann konstant impotent ist. Dieses häufige Leiden, das den davon betroffenen und seine Ehe schwer beeinträchtigen kann, hat viele Ursache. Es kann körperlicher Natur sein, meist aber entsteht es aufgrund seelischer Schwierigkeiten, die sehr oft ihre Wurzel in der Kindheit haben. Es ist eine eheerschwerende Fehlvorstellung, die Potenz eines Mannes zum Gradmesser der Liebe zu seiner Frau zu machen. Nach meiner Erfahrung fühlen sich viele Frauen durch die Impotenz ihres Partners gekränkt, entwürdigt, beleidigt und reagieren mit Abweisung und Aggression. Damit stoßen sie den Leidenden aber um so tiefer in seine Not, seine Minderwertigkeits- und Schuldgefühle, so daß sich die Schwierigkeiten verstärken und chronifizieren. Dabei haben gerade impotente Ehemänner nichts nötiger als liebevolles Angenommenwerden durch ihre Partnerinnen. In den seltensten Fällen hat die Impotenz ihre Ursache in der Abneigung gegen die Ehefrau – Erwartungsängste, Aggressionsgehemmtheit, zu starke Mutterbindung (und dadurch eine übersteigerte Tabuisierung) oder unbewußter Leistungsprotest sehen wir viel häufiger in diesem Bereich. Als Grundrezept in bezug auf Nöte dieser Art möge gelten: Ein Ehepaar sollte alles Experimentieren einstellen und sich absolute geschlechtliche Enthaltsamkeit verordnen und seine Bemühungen auf viel fröhliche Gemeinsamkeit in Ferien, Festen und auf gemeinsame Unternehmungen richten. Die gegenseitige Liebe sollte nur in behutsamer Zärtlichkeit zum Ausdruck kommen dürfen. "Berührung nur wie ein Hauch – sei Euer Brauch" ist in solchen Fällen eine oft erfolgreich anzuratende Grundregel. Die Abkehr vom verkrampften Wollen kann irgendwann die verschüttete Spontaneität meist wieder wecken. Wie auf vielen anderen Gebieten des Ehelebens lohnt sich auch hier besonders die Geduld, die Bereitschaft, eine Unvollkommenheit mit aufzunehmen und zu tragen. Auf dem Boden einer solchen Einstellung kann die Liebe zu hoher Entfaltung kommen, selbst in den Fällen, in denen ein sexueller Vollzug niemals möglich ist. Grundsätzlich läßt sich unterscheidend sagen: Ist das Kohabitationsunvermögen eines Mannes bereits bei den ersten Versuchen zur geschlechtlichen Beziehung eingetreten, so ist es meist ein Kennzeichen für Schwierigkeiten, die aus der Kindheit stammen. Sie zeigen damit an, daß sie der Erhellung und Heilung durch einen kundigen Psychotherapeuten bedürfen. Treten sie erst nach einigen

Jahren eines glücklichen Ehelebens auf, so signalisiert das oft ein physisches Problem, das in die Kompetenz des Virologen gehört. Freilich erscheint es mir nicht in jedem Fall wünschenswert, durch künstliches Eingreifen den physiologischen Mangelzustand zu beseitigen. Es gibt schicksalhafte "Verordnungen" – auch unser Alter gehört zu ihnen –, und es ist leichtfertig und einfältig, sie durch den cleveren Menschen-Mechaniker Arzt, mit den technischen Zaubereien unserer Chemie einfach aus der Welt zu schaffen. Es lohnt sich für ein Ehepaar, schicksalhafte Verordnungen in kluger Einsicht anzunehmen und an dieser Gemeinsamkeit neues Erleben ihrer Liebe zu erfahren. Der Mensch ist kein Auto, und infolgedessen ist ihm kaum nur mit Mechanikermethoden zum Heil und zur Reife zu verhelfen.

Aber es gibt auch psychische Impotenzprobleme, die mitten aus einem gesunden Eheleben heraus entstehen. Sie müssen auf jeden Fall hinterfragt werden. Es kann etwas Störendes in Erscheinung getreten sein, das sich bei einigem guten Willen verändern läßt – aber nur dann, wenn es ausgesprochen wird. Ein Geruch, eine Veränderung des Körpers, ein verletzendes Ereignis kann den sensiblen Mann verstören. Es ist unumgänglich, diese Nöte der Partnerin mitzuteilen, sobald sie dem Leidenden bewußt geworden sind.

Entsprechendes gilt auch für die Frau in bezug auf die Frigidität. Wir bezeichnen damit das absolute Unvermögen der Frau, die sexuelle Beziehung zu ihrem Mann als Beglückung zu erleben. Auch hier gilt: Frigidität von Anbeginn an beruht auf einem sexuellen Trauma der Kindheit. Das zu erforschen und zu heilen ist Sache des

Fachmannes, weil es der Leidenden in den seltensten Fällen bewußt ist. Bei anderen Frauen ist ein mehr oder weniger langer Zeitraum nötig, um ganz uneingeschränkt erleben und genießen zu können, vor allem, wenn das Ersterlebnis mit Schmerzen verbunden war – und das ist in den meisten Fällen so. Nur mit Hilfe der behutsamen, fragenden, einfühlsamen Liebe des Ehemannes ist es möglich, daß sich hier keine negativen Gefühle einnisten und zu chronischen Störfaktoren werden. Partnerschaft dieser Art zahlt sich aus. Um so seltener wird es dann zu einer Frigidität innerhalb der Ehe kommen. Freilich ist sie, wenn sie nach mehreren Ehejahren auftritt, viel mehr als die Impotenz des Mannes ein Zeichen dafür, daß die Liebe der Frau durch den Ehemann in einer fundamentalen Weise verletzt worden ist. Mißhandlungen können sich so auswirken, erzwungener Verkehr oder erzwungene Abtreibung, aber auch verheimlichte und von der Frau entdeckte Seitensprünge des Mannes. In jüngster Zeit bewirkt manchmal auch AIDS-Angst sexuelle eheliche Schwierigkeiten. Heimliche Seitensprünge können durch Schuldgefühle zu einer Blockade des Ehelebens führen. Verletzungen dieser Art bedürfen der sorgsamen Bemühung des Paares, miteinander die Wunden zu heilen, die Probleme anzupacken, in der Art, wie sie im nächsten Kapitel dargestellt werden sollen.

Treue bewahren

In einer Ehe, in der die Liebe wie eine zerbrechliche Kostbarkeit von beiden Partnern in täglich neuer Bemühung und Anstrengung gepflegt wird, ist die Treue überhaupt kein Problem. Die Libido, würde Freud sagen, ist absorbiert, sie hat gar keinen Blick für anderes, sie schweift nicht, sie liegt ja im Hafen vor Anker. Zum Problem wird die Treue erst, wenn ein lebensnotwendiges Bedürfnis geistiger, seelischer oder auch leiblicher Art vom Ehepartner beim besten Willen nicht gestillt werden kann. Viele Paare bemühen sich zwar um eine Partnerschaft, die Freiräume läßt; dennoch gibt es eine Fürsorglichkeit, die den anderen zum Kleinkind degradiert oder sich wie ein Säugling am anderen festklammert. Dann kann die Not des Bedrängten derart groß werden, daß es für ihn zwingend wird, jenseits seiner Häuslichkeit den Freiraum zu suchen, der ihm eine Weiterentwicklung ermöglicht.

Viele Männer tyrannisieren noch heute ihre Frauen so, daß diese, wenn ihnen aus Verantwortung für die Kinder der Weg der Scheidung nicht möglich scheint, in die Gefahr geraten, ein psychosomatisches Leiden zu entwickeln als ein Ausdruck der Blockierung ihrer Entwicklung oder draußen einen Ausgleich zu suchen für die Sklaverei in ihrer Ehe. Empfehlenswert sind solche Wege nicht, denn sie beschwören eine solche Anzahl schwerer Probleme herauf, daß an ihnen Ehen, Familien zerbrochen sind und im AIDS-Zeitalter noch zerbrechlicher geworden sind.

Heimlichkeit und Schuldgefühle, Entdeckungen, Geständnisse, Depressionen der Betrogenen sind hohe Preise für "Seitensprünge". Auch die Verabredung zur "Freiheit in der Ehe", sich also gegenseitig soziale, aber keine sexuelle Treue zu schwören, ist meiner Erfahrung nach kein Weg, der ratsam ist. Er löst doch binnen kurzem die Gemeinschaft des Paares auf. Sie geht einfach an den Verletzungen zugrunde, die durch das Vorhandensein und das Sprechen über den zusätzlichen Partner hervorgerufen werden.

An solchen Überlegungen wird aber auch deutlich, daß trotz aller gesetzlichen Regelungen, die Treue genausowenig wie die Liebe ein Gegenstand ist, den einer vom andern fordern darf. Wenn eine Ehe nachlässig geführt wird oder es sich herausstellt, daß die existentiellen Notwendigkeiten einer Partners in ihr nicht erfüllbar sind, kann Untreue die Folge sein. Als bittere Notlösung läßt sie sich mit echter Liebe und dem Mut zur Verantwortung für die ganze Familie unter Umständen auch erdulden und tragen, und zwar unter der Voraussetzung, daß der Ausscherende die Bereitschaft, die Familie zu erhalten, zeigt und bekundet.

Ich kenne viele Ehefrauen, die in Opferbereitschaft und Liebe für ihre Männer deren Berufskameraden-Zweitehe über Jahre toleriert haben, ohne Sticheleien, ohne eine neue Hausmacht auf dem Boden der Schuldgefühle des Partners zu errichten, und die in glücklichen Altersehen die Früchte dieser geduldigen Treue geerntet haben.

Eine solche Haltung ist um so bewundernswerter, als sie Weitherzigkeit und einen Mangel an egoistischem Besitzdrang voraussetzt, die Fähigkeit, warten zu können und das Schicksal nicht zwingen zu wollen. Denn wenn eine Ehefrau merkt, daß ihr Mann sich in eine andere Frau verliebt hat, ist damit ja keineswegs gewiß, daß das eben nichts weiter ist als ein harmloses Zwischenspiel. Männer um die Lebensmitte, die in intellektuellen oder nüchterne Sachlichkeit fordernden Berufen stehen und dadurch gewohnt, Gefühle mehr und mehr zu verdrängen, werden häufig geradezu von einem Sog zu einer besonders mädchenhaften jungen Frau erfaßt. Sie sind, so hat C. G. Jung das genannt, von ihrer "Anima fasziniert".

Diese "Anima" ist aber ihre Seele selbst, ihre eigene Gefühlswelt, die nicht länger verdrängt werden kann, die verwirklicht werden will und sich deshalb in Form einer großen neuen Liebe machtvoll Bahn bricht. Solche Durchbrüche können furchtbar sein, weil sie oft ganz unreal sind, zur Scheidung der alten Ehe führen, den Mann aber gar nicht weiterbringen, weil seine Sehnsucht auf eine unreife Frau projiziert wird, die Partnerschaft mit dem viel Älteren dauerhaft nicht vollziehen kann.

Es erscheint mir unermeßlich wichtig, solche Gefahren zu kennen und sie bereits als junges Paar mit im Blickpunkt zu haben; denn man kann sie nur umschiffen, wenn man in der Ehe sehr wach das Gefühl pflegt und sich dafür viel, viel Zeit nimmt. Männer, die ihren Beruf und ihre Karriere überbewerten, für die die Ehefrau und die Familie nicht mehr sind als ein Statussymbol und ein Ort, an dem die Hemden gewaschen und gebügelt werden, pflegen spätestens zwischen vierzig und fünfzig Jahren in den Strudel einer solchen Gefühlsüberflutung zu geraten, der schwere Zerstörungen in ihnen und um sie anrichten kann.

Zunehmend häufiger gibt es heute auch das Phänomen, daß ältere Ehefrauen sich in junge Männer verlieben. Auch dort steht oft eine Projektion im Hintergrund. Die Realität des Älterwerdens mag nicht angenommen werden. Die Sehnsucht nach Verjüngung kann so zu unguter, auch unnatürlicher Versuchung werden. Um solchem Elend vorzubeugen, müssen Ehepaare ständig darum bemüht sein, sich miteinander Stunden zu schaffen, in denen "die Seele ihre Flügel ausspannen kann". Sie sollten sich dabei miteinander beraten und Neues einfallen lassen. Der gemeinsame Urlaub ist sicher eine der besten Möglichkeiten, das Gefühl offenzuhalten und seine Stärkung und Vertiefung zu erwirken. Da aber die Liebe ein unmittelbares Geschenk Gottes ist, gibt es auch eine weitere großartige Möglichkeit, sie von ihrer Quelle her zu erhalten: durch den gemeinsamen Besuch von Messen, Gottesdiensten und Abendmahlsfeiern. Christentum zu praktizieren in einer Gemeinde, mit einem Pfarrer, der ein vom Gefühl durchdrungener ist, kann eine großartige Möglichkeit sein, den alten Bund der Trauung immer wieder zu erneuern. Männer, die ihre Frauen einsam und allein in die Kirche gehen lassen, aus Trägheit oder weil sie die Wichtigkeit solcher Erlebnisse nicht richtig einschätzen, werden später häufig so von ihren wild wuchernden Gefühlen gebeutelt, daß ihnen darüber das Hören und Sehen vergeht; und nur im besten Fall schaffen sie es wenigstens dann, durch all diese Not heimzufinden zu ihrem Gott.

Die Verbindung eines Paares kann sich unter Umständen auch als ein Irrtum erweisen. Die Zahl der gegensätzlichen Unverträglichkeiten kann so groß sein, starre

Charakterstrukturen und Fehlhaltungen so sehr im Vordergrund stehen, daß bei aller Mühe um Veränderung nichts erreicht wird. Der beste Weg, solchen Enttäuschungen vorzubeugen, ist immer noch eine längere Zeit des Kennenlernens – auch im Alltag; denn wenn erst aus der Verbindung Kinder hervorgegangen sind, trifft die Entscheidung zur Trennung nicht das Paar allein, sondern eben auch sie. Wir haben die schlimmsten Erfahrungen gemacht in bezug auf die Entwicklung der Kinder mit leichtfertigen Bäumchen-wechsle-Dich-Geschichten. Ein leiblicher Vater ist nicht einfach durch einen "sozialen" zu ersetzen. Beziehungen lassen sich nicht knüpfen und zusammenfügen wie ein Puzzlespiel. Scheidungswaisen sind in viel größerer Gefahr, neurotisch zu werden oder gar in die Kriminalität zu straucheln, als Kinder aus intakten Ehen. Wenn eine schwere, langanhaltende Ehekrise eintritt, ist der Gesichtspunkt, den Kindern das Nest erhalten zu wollen, höchst gewichtig, und kraft dieser Verantwortung – wird sie von beiden Partnern getragen – kann auch manche Ehenot wieder abgebaut werden. Vor allem sollte ein Ehepaar, das sich nicht mehr versteht, niemals die Hoffnung aufgeben, es doch wieder miteinander zu schaffen. Den Partner in die Kiste "hoffnungslos, unverbesserlich" zu packen, kommt einer grausamen Tötung der Ehezukunft gleich.

Auch in bezug auf die Entwicklungsverläufe unserer Partner brauchen wir vor allem Geduld, müssen wir es lassen, in infantiler Sucht den anderen nach *unserem* Bild machen zu wollen. Oft durchschaut keiner von beiden die seltsam verschlungenen Wege, die der eine ohne den anderen gehen muß. Es ist eine Illusion, nach der Seelenverwandtschaft auf die Suche zu gehen, die so viel gemeinsam hat wie eineiige Zwillinge. Abgesehen davon, daß die absolute Gleichheit des Partners die Möglichkeit zur Ergänzung und zur Wandlung mindert (das Leben allzugleicher Partner wird deshalb oft von ihnen als langweilig empfunden), gibt es die *absolute* Übereinstimmung zweier lebender Organismen nicht. Es ist also müßig, danach zu gieren. Es gehört vielmehr zu unserer Bestimmung, die Grenzen unserer Möglichkeiten zu erfahren, auch die Grenzen der Übereinstimmungsmöglichkeit mit unserem Partner. Es muß offenbar selbst in einer guten Ehe auch Zonen des Alleinseins geben, damit die Offenheit nach oben nicht auf diese Weisen verbaut wird. Es besteht kein Grund, das zu bedauern oder es gar in aggressiver Anklage dem Partner anzulasten.

Wenn wir nur unerschütterlich bleiben in dem Streben, die Liebe in der Welt zu mehren, wenn wir nur zäh daran festhalten, unsere Begabungen zu verwirklichen, wenn wir nur bereit sind, selbst die Not als guten Lehrmeister unseres Lebens zu verstehen, können wir auch die Krisen, Stürme und Enttäuschungen im Eheleben in durchhaltender Treue zu Gott bestehen und letztlich doch bewirken, daß Friede und Übereinstimmung zurückkehren in unseren Ehealltag.

Schicksalsschläge können "Gnadenschläge" sein. Sie können die Voraussetzung schaffen, für eine Haltung dankbarer Bescheidung und hellhöriger Bereitschaft füreinander.

Umgang mit anderen

Eine absolut exklusive Zweisamkeit über Jahre hinaus ist unrealistisch. Sie bedeutet unangemessenen Machtsanspruch und artet deshalb auch grundsätzlich in seelisch-geistigen Kannibalismus aus. Wenn wir es auch so empfinden und zu unserem Partner sagen: "Ich will dir alles sein", so ist das doch eine Überschätzung der eigenen Möglichkeiten. Kein Mensch ist vollkommen oder kann von heute auf morgen Fähigkeiten entwickeln, die er nun einmal nicht hat, oder die nie gepflegt worden sind. Wir können nicht plötzlich ein adäquater Partner beim Schachspiel sein, wenn wir es nicht geübt haben, während der andere es darin schon zur Meisterschaft gebracht hat, und mancher lernt es trotz aller Mühe nie. Es wäre also unbillig, es dem Partner zu verübeln, wenn er sich einen angemessenen Mitspieler für dieses sein Hobby sucht. Wir können auch als Einzelperson Geselligkeit nicht ersetzen. Es gibt darüber hinaus spezifisch Männliches, zum Beispiel eine besondere Art, über Finanzen, Politik oder den Beruf zu diskutieren, oder auch spezifisch Weibliches, zum Beispiel die Mode, das Gespräch über persönliche Dinge, den Schwatz, Bereiche, die im Umgang eines Paares miteinander nicht Genüge finden können. Es ist für ein Paar gut, einen oder zwei Freunde zu haben, die man allein zu treffen sich zubilligt. Nur noch paarweise in der Welt in Erscheinung zu treten und nur in dieser Weise Umgang zu pflegen, bietet keine Gewähr für die lebendige Gestaltung und Erhaltung der Ehe – im Gegenteil: Wer sich gegenseitig fesselt, beschwört automatisch den Impuls zur Befreiung herauf. Es gibt auch bei vielen Menschen ein Bedürfnis nach gleichgeschlechtlicher Gesellung – den Männerbund oder das Kaffeekränzchen. Oft sind es notwendige Bedürfnisse, die hier ihre Befriedigung erfahren; sie sollten ernst genommen werden. Die Freude an Geselligkeit, an Rummel, Massenveranstaltungen und Gruppengesprächen entspricht dem so elementaren Bedürfnis nach Solidarität in der Gemeinschaft. Sie hat eine das Individuum beschützende und deshalb eben befriedigende Funktion, die nicht leichtfertig abqualifiziert werden sollte, solange ein Bedürfnis danach vorhanden ist. Aber ein Paar sollte sich nicht zwingen, bei derlei Gelegenheit *nur* gemeinsam aufzutreten. Wichtiger als den Unbedürftigen im Schlepptau zu haben, ist es, die Verschiedenartigkeit der Bedürfnisse zu respektieren. Freilich setzt eine solche Großzügigkeit voraus, daß sie nicht zum Mißbrauch und damit de facto zu einer absoluten Vernachlässigung des Ehepartners und einer Entfremdung von ihm führt.

Verhütungsmittel diskutieren

Spätestens nach der Geburt des ersten Kindes tritt an jedes Ehepaar, das den Zeitpunkt der Geburten mit Vernunft regeln möchte, die Frage heran, in welcher Weise die Familienbildung weiterhin geplant werden soll. Ich brauche nicht aufzuzählen, welche Verhütungsmittel zur Verfügung stehen – darüber wird so viel geschrieben und Information in überreichlicher, ja oft schon peinlich pornographischer Art angeboten, als daß darüber ausführlich gesprochen werden müßte. Aber es ist eben nötig, daß ein Paar gemeinsam Fragen dieser Art erörtert, unter Umständen auch erprobt und Erfahrungen über das Maß des Sich-gestört-Fühlens miteinander austauscht.

Mittlerweile hat es sich herausgestellt, daß die "Pille" keineswegs das Patentrezept ist; sie mag es kurzfristig u. U. sein, aber ob man sie einer Frau über Jahrzehnte verordnen darf, ohne ihr zu schaden, das hat sich mit dem Erkennen der schädigenden Nebeneffekte eines jahrelang in einen Organismus eingreifenden Medikamentes immer mehr als fragwürdig erwiesen. Und mit allem Neuen, "Hormonalen", das zur Zeit entwickelt wird, kann es uns da nicht anders gehen. Das Risiko körperlicher, aber auch seelischer Dauerschäden läßt sich nicht ausschließen, die zu zahlenden Preise sind noch keineswegs absehbar. Die "konventionellen" Verhütungsmittel bleiben deshalb in der Diskussion. Es gibt viele Frauen, für die die Messung der Basaltemperatur und die Enthaltsamkeit zur Zeit des Eisprungs eine optimale Lösung darstellen, jene sind das, die ohnehin Spaß am Registrieren und Ordnen haben, die die morgendliche Temperaturmessung nicht als lästig empfinden, sondern als eine angenehme Pflicht.

Es gibt aber auch Frauen, für die diese Weise der Verhütung nur mühsam annehmbar ist, und zwar vor allem dann, wenn sie – was höchst natürlich ist – im Laufe ihrer Ehe eben gerade während der Phase des Eisprungs ein großes Bedürfnis nach der Vereinigung zu entwickeln beginnen. Sie sich gerade dann dauerhaft zu versagen, bedeutet eine Verzichtleistung, die sicher oft quälender erlebt wird als die absolute sexuelle Enthaltsamkeit, die sich eine Nonne auferlegt hat. Eine solche Verzichtleistung bewirkt dann, daß die Frau sich in ihrer "lustlosen" Zeit dem Mann eben allein zu seiner Bedürfnisbefriedigung hingibt. Das kann zwar durch eben diese Leistung besonderes Glück bedeuten, ein Geschenk an den Geliebten, aber freilich nur dann, wenn er dies auch zu würdigen weiß, wenn der Ehemann nicht die Vorstellung hegt, von seinem "Recht" Gebrauch zu machen.

Im allgemeinen stellt für uns Menschen ein nur einseitiges Geben, Zurückstellen und Verzichten zugunsten des anderen auf die Dauer eine Überforderung dar, die, wenn sie nicht rechtzeitig erkannt und gemeinsam getragen wird, leicht zu psychosomatischen Leiden führen kann: Es ist deshalb sinnvoll, einseitige Opfer, auch gerade im Bereich des Sexuellen, zu vermeiden. In einer Frau, die sich nur als Instrument zur Entlastung vom Druck überschüssiger sexueller Energie erleben muß, statt die sexuelle Beziehung als ein Geschenk der Liebe empfinden zu können, beginnt bald, ob sie es will oder nicht, die Seele zu meutern und nach Abschaffung des würdelosen Zustandes zu streben. Deshalb sollte die Sexualität in der Ehe nicht zur fahrplanmäßigen Gewohnheit werden. Sie muß ein Fest bleiben, und das kann sie nur, wenn sich erstens nicht allein die Frau auf den Mann, sondern auch der Mann auf sie einstellt, und zweitens, wenn die leibliche Beziehung eine Sache des Herzens, ein Ausdruck der Liebe füreinander bleibt. Die Leiblichkeit der Frau ist ganz gewiß keine Maschine. Je mehr der Mann darauf Rücksicht nimmt und ihr das Recht zubilligt, "unpäßlich" zu sein, je behutsamer er die Müdigkeit oder Bereitschaft erhorcht, um so mehr wird die Liebe wachsen und sich erneuern können. Die Methode der natürlichen Empfängnisverhütung ist im Dienst dieses Reifungsprozesses am meisten empfehlenswert (s. Dr. Josef Rötzer, Natürliche Geburtenregelung).

Wir sollten uns auch klarmachen: *Jedes* Verhütungsmittel, das mechanisch eingreift, hat eine Teufelsklaue: der "Genuß ohne Reue", die Ungefährlichkeit des Vollzuges provoziert eine Leichtfertigkeit, die die Einfühlungsfähigkeit des Mannes in das Empfinden der Frau, sein Einüben in Respekt, Zucht und Verantwortung generell mindert.

Einfühlungsfähigkeit zu lernen als Attribut der Liebe für die Frau ist einer der großen Entwicklungsmöglichkeiten des Mannes in der Ehe. Zum "Tier" zu werden, auf die Stufe unreflektierter Triebbefriedigung zurückzufallen ist auch auf diesem Sektor Gefahr und Auswirkung der Manipulationen der so klugen und erfinderischen Männer der Wissenschaft. Es gibt keine Kultivierung der Sexualität, es gibt nur die Kunst der Kultivierung der Liebe. Immer noch gibt es viel Neues auf diesem Gebiet zu lernen. Die Verhütungsmentalität bedeutet aber nicht nur eine Gefahr für die eheliche Liebesqualität, sondern für die Ehe und Familie überhaupt. Leicht gemachte Seitensprünge, auch für die Frau, haben den Scheidungsboom mit heraufbeschworen und mehr Unglück als Befreiung für Kinder und Erwachsene bewirkt.

Abtreibung ist *kein* zulässiges Verhütungsmittel. Ich sage Euch als Medizinern das deshalb nur noch einmal, weil ich manche Eurer Kollegen und Kolleginnen diesem aus der Erfahrung des hohen Risikos erwachsenden Grundsatz in eigener Notsituation untreu werden sah. Selbst dadurch, daß in der Bundesrepublik Deutschland Abtreibung partiell erlaubt ist, läßt sich der Umstand nicht aus der Welt schaffen, daß sie bei sensiblen Frauen Schuldgefühle hervorruft. Sie setzen sich über alle praktischen Erwägungen und Selbstbeschwichtigungen hinweg und treten erfahrungsgemäß als Herabsetzung des Allgemeinzustandes, manchmal nur als Migräne, in Erscheinung. Ich habe schon erlebt, daß es sich verheerend auswirkte, wenn der Ehemann seine Frau gegen ihren Willen zur Abtreibung des Kindes zwang.

Frigidität, Ekelgefühle, Eßstörungen, Depressionen, ja den totalen Verlust der Liebe solcher Frauen für ihre Männer habe ich beobachtet und kann deshalb vor leichtfertigen Manipulationen nach dem Motto: "Wenn mir aber was nicht lieb, weg damit, ist mein Prinzip!" nur warnen. In natürlichen Frauen ist ein sich über alle bewußten Überlegungen hinwegsetzender Trieb zur Mutterschaft, zum Fortsetzen des Lebens durch ihren Leib hindurch vorhanden. Wir emanzipierten, manipulierten Frauen erleben dann häufig zu spät, daß in uns die Natur gegen die Eingriffe meutert und uns durch die nicht einfach abschaffbare Schuld zu Leidenden macht.

Karl Stern berichtet von Patientinnen, die scheinbar aus "heiterem Himmel" eine Depression bekamen – genau zu dem Zeitpunkt, an dem das Kind geboren worden wäre, das sie vor einigen Monaten abgetrieben hatten. Ich habe oft gesehen, daß die Beunruhigung und die Schlaflosigkeit solcher Frauen erst schwand, wenn im bewußten Bedürfnis, die Schuld zu sühnen, das Ehepaar sich entschloß, nachholend doch ein Kind in die Welt zu setzen.

Glücklicherweise nur noch ganz selten kann freilich eine Situation gegeben sein, in der eine Abtreibung unvermeidbar wird: daß eine neue Mutterschaft für die Frau Lebensgefahr bedeuten würde. Abtreibungen, nur weil das momentane Pläne durchkreuzt, die Karriere der Frau oder die Reise nach Amerika, sollte ein Ehepaar grundsätzlich als verwerflich ansehen.

Auch Kinder, die "aus Versehen" erzeugt sind, wollen angenommen sein. Gerade in Situationen, in denen etwas *gegen* unseren Willen geschieht, sollten wir demütig bereit sein, uns dem Schicksal, dem "Geschickten" zu beugen. Auch das unerwünschte Kind muß als eine Aufgabe angenommen werden. Ja, es gerade als eine besondere Aufgabe zu verstehen, macht das Wesen einer religiösen Einstellung angesichts dieser Problematik aus. Wie oft habe ich mir von Müttern erzählen lassen, daß die

Kinder, die nur unter Tränen ausgetragen wurden, dennoch ein besonderer Segen für die Familien wurden.

Es gehört zu den Ammenmärchen unserer Zeit, ein Mann könne ohne irgendeine Form sexueller Betätigung nicht leben. Sicher gibt es auf diesem Sektor, je nach der hormonalen Ausstattung, von Fall zu Fall großer Unterschiede der sexuellen Bedürftigkeit; aber andererseits spielen auch hier Gewohnheiten eine große Rolle. Auf jeden Fall nimmt die Mächtigkeit des Dranges mit dem Zugehen auf das dritte Lebensjahrzehnt bei den Männern bereits ab und weicht zunehmend mehr der Möglichkeit zu einer Steuerung, die der Liebe Raum gibt, statt sie im hemmungslosen Überflutetwerden durch den Trieb mit Füßen zu treten. Wir verändern uns auch in dieser Hinsicht. Dem "vitalen" Lebensbogen der ersten Lebenshälfte folgt, wenn wir richtig gelebt haben, der "pneumatische" Lebensbogen der zweiten Lebenshälfte. In ihr vergeistigen sich die Formen der Liebe in zunehmendem Maße, und die Sexualität wird unwichtiger. Das ist bei sorgfältiger Eheführung kein Zeichen von Niedergang, kein Zeichen einer brüchig gewordenen Gemeinschaft. Wir sollten deswegen nicht in falscher Einstellung dem modischen sexuellen Leistungsdenken verfallen und an jugendlichen Stadien der Entwicklung festzuhalten suchen; denn der veränderte Status kann ein höchst positiv zu wertender Beweis dafür sein, daß wir auf dem Berg unserer Lebensentwicklung bereits dorthin geraten sind, wo die Luft dünn und klar wird und wir zunehmend mehr Überblick gewinnen über den Sinn all der Mühen, denen wir uns unterziehen mußten.

Wille zum Austragen der Konflikte

Es gibt Ehen, in denen es niemals Streit gegeben hat, und deren Liebe dennoch längst unter einer lähmenden Decke von falscher Rücksichtnahme erstickt ist. Diese Entwicklung pflegt in jenen Fällen so zu verlaufen, in denen dieser "Scheinfriede" auf dem Boden der Angst vor dem Austragen der Konflikte errichtet worden ist. Einer solchen Fehlentwicklung läßt sich vorbeugen, und zwar dadurch, daß beide Partner darüber eine Abmachung treffen, aufgeschlossen sein zu wollen für die Erörterung der Konflikte, selbst dann, wenn einer von ihnen das Problem gar nicht als Konflikt erlebt. Die Bereitschaft, einander zuzuhören, wenn der eine oder der andere bedrückt ist durch eine Angelegenheit des Ehelebens, sollten zu den obersten Geboten in einer guten Ehe gehören. Freilich setzt eine solche Regelung voraus, sich vorzunehmen, nicht aus jeder Mücke einen Elefanten zu machen. Man kann Probleme aufbauschen und man kann Gefühle zerreden. Ein Paar sollte sich auch nicht anmaßen, jeden Konflikt in einem Halbstundengespräch lösen zu können. Oft sind sie überhaupt nicht lösbar, wenn man sie übers Knie bricht. Man sollte die gegenseitigen Fragen und Traurigkeiten aber mit in sein Nachdenken nehmen, sich mit ihnen beschäftigen und vielleicht nach einiger Zeit darauf zurückkommen. Oft fallen doch Lösungen ein, wenn man die Frage nur in wacher Konzentration im Bewußtsein hält. Gespräche dieser Art müssen gewiß nicht das Ziel haben, daß der eine vor dem anderen die Segel streicht. Viel hilft nach gutem Zuhören das Bekunden der Bereitschaft, die Lösung zu suchen. Oft ist überhaupt erst einmal Trost nötig, den anderen in den Arm zu nehmen und damit die Last von seinem Herzen.

Ohne den Mut zum Austragen unserer Konflikte können wir nicht reifen. Aus Bequemlichkeit ausweichen bringt faule, sich stellen bringt gute Früchte. Unsere Bequemlichkeit ist der stärkste Feind unserer wachen Lebendigkeit und unserer Entwicklungsfähigkeit. Sie ist ein Urdämon, beschwört die Gefahr von Stagnation und seelisch-geistiger Verkümmerung herauf. Zwar haben beide Partner nach erschöpfender Tagesarbeit ein Recht auf Erholung und Entspannung – aber es ist dennoch nur allzuleicht gegeben, das der eine dieses Recht auf Kosten des anderen pflegt. Machen wir uns klar, daß alles Bequeme schließlich *dem* am meisten schadet, der es pflegt, so werden wir der Bequemlichkeit nicht so leicht nachgeben. Wir werden eben darauf bedacht sein, sie zu vermeiden. Bei dieser Einstellung ist es leichter, aus dem Sessel hochzukommen, um das Geschirr zu spülen oder den Gang in den Keller zu tun.

Eine unumgängliche Auseinandersetzung sollte deshalb eben auch nicht gescheut werden. Selbst wenn das Aussprechen der strittigen Fragen zunächst die Gefahr heraufbeschwört, daß eine unbehagliche Stimmung eintritt, daß vielleicht sogar einmal durch unbedachte Worte ein emotionsgeladener Streit aufbrandet, kann all die Not einer Krise doch zu neuen Ufern führen, wenn beide das nur mit allem Ernst wollen. Am nächsten Morgen schon läßt sich meist ein Wort der Versöhnung finden, und keiner vergibt sich etwas, wenn er damit beginnt, selbst dann, wenn er sicher ist, an dem unglücklichen Verlauf der Auseinandersetzung nicht schuld zu sein.

Wir Menschen haben doch wohl als einzige Lebewesen die Möglichkeit, uns unsere Empfindungen und Gefühle mitzuteilen und mit Hilfe der Sprache die Möglichkeit zu einer einmaligen geistigen, bewußten Kommunikation. Ja, wir haben als Partner geradezu die Pflicht, uns gegenseitig über unseren seelischen Zustand Mitteilung zu machen, denn nur so kann der Partner sich auf uns einstellen, nur so kann er uns wirklich verstehen. Häufig verstehen wir uns selbst freilich weniger als unser Partner, und er findet leichter den Schlüssel zu einer Seelentür in uns, gegen die wir vergeblich anrannten.

In jeder Ehe treten Situationen ein, die den einen nötigen, dem anderen ein Geständnis über irgendein schuldhaftes Versagen zu machen. Das blitzneue Auto ist durch eigene Unachtsamkeit zum Trümmerhaufen geworden, ein wichtiges Dokument ist beim Aufräumen irrtümlich in den Kamin geraten, auf einer Reise ist man einer verführerischen Frau begegnet und ist einer Faszination durch sie erlegen, oder man ist beunruhigt von einer Verliebtheit in einen anderen Menschen.

Von absolut entscheidender Wichtigkeit ist es, daß der Partner, dem die Geständnisse gemacht werden, selbst wenn sie heftige Schmerzen bereiten und ihn kränken, den anderen nicht verdammend zurückstößt, sondern über allen Ärger hinweg beglückt registriert, daß das Geständnis ja Vertrauen bedeutet, Veränderungsbereitschaft, Reue signalisiert. Die Chance dazu sollte man sich nicht durch eine zeternde Gekränktheit verspielen. Man wird hingegen, wenn der durch die Fehlhaltung entstandene Schaden groß ist, mit dem "Delinquenten" traurig sein; aber man sollte auch Abhilfe zu schaffen suchen, wenn der Verlust nicht unwiederbringlich ist. Wenn es sich um die Wiederholung einer grundsätzlichen Schwierigkeit handelt – etwa die Folge einer unbedachten Ordnungslosigkeit ist –, müssen beide miteinander nach einem Übungsprogramm suchen, um die Schwäche abzubauen. Wer angesichts solcher Situation mit seinem Partner umgeht wie ein autoritärer Vater mit seinem dreijährigen Kind, das die chinesische Vase aus dem Familienbesitz zerbrach, straft, schreit, sich rächt, es dem Partner "heimzahlt", soll sich nicht wundern, wenn der in den Zustand der Dreijährigkeit zurückfällt und als Folge solcher Tyrannei auf dieser Stufe stehenbleibt. An den Folgen solcher Unmenschlichkeit werden auf jeden Fall *beide* zu tragen haben.

Zärtlichkeit schenken

Ein Mensch, der von einer seelisch gesunden Mutter zur Welt gebracht und von ihr liebevoll aufgenommen worden ist, wird von seinem ersten Lebenstag an mit Zärtlichkeit bedacht. Sie streichelt ihr Kind, umfaßt es behutsam, berührt es mit den Lippen. Ein Säugling erlebt diese Berührungen als lustvolle Geborgenheit. Niemals verlieren wir die Sehnsucht und das Bedürfnis nach Zärtlichkeit, immer erleben wir sie als Ausdruck der Liebe, als ein Geschenk, das uns umfriedet. Zärtlichkeit wird von vielen Erwachsenen einseitig und falsch nur als eine Vorstufe zu sexueller Betätigung angesehen. Aber die Zärtlichkeit ist ganz eigenständig ein Weg, um Verbundenheit, Bergung und Geborgenheit, Zuwendung und Dankbarkeit zu erleben. Wir sollten in unserer Ehe nicht vergessen, eine Kultur der Zärtlichkeit zu pflegen. Still-sanfte Streichelseligkeit gehört zu den schönsten Freuden, mit denen sich ein Ehepaar lebenslänglich beschenken kann. Damit ist nicht das Streicheln von Haut zu Haut allein gemeint. Liebe kann mit Worten streicheln, mit den Augen, mit der Seele, mit dem ganzen Sein. Eine solche Zärtlichkeit anzustreben und zu pflegen zu versuchen, ist die beste Abwehr gegen das Versinken der Liebe unter der Mühsal und dem Leid des Lebens, gegen ihren Tod durch auffressende Nähe, gegen das Erstarren in eingefahrenen Gewohnheiten des Miteinanderlebens. Zärtlichkeit ist gleichnishafter Ausdruck des höchsten Zieles einer wahrhaft großen Liebe und ihres Weges durch eine lebenslange Gemeinschaft: achtungsvolle Behutsamkeit zu bewahren und zu steigern in beglückter Ehrfurcht und Ehrerbietung vor dem Offenbarwerden des anderen in seiner geheimen Wahrheit, in seiner inneren Gestalt. Zärtlich sein bedeutet, das Wissen um die Zerbrechlichkeit der Seele mit scheuem Abstandnehmen zu beantworten.

Je mehr wir uns diesem Ziel nähern, um so mehr wird uns der innerste, der unsterbliche Kern der Liebe zueinander entgegenleuchten als ein Geschenk von Gott und für Gott. Rilke weiß das:

Wie soll ich meine Seele halten,
daß sie nicht an deine rührt? Wie soll ich sie
hinheben über dich zu andern Dingen?
Ach gerne möchte ich sie bei irgendwas
Verlorenem im Dunkel unterbringen
an einer fremden stillen Stelle, die
nicht weiterschwingt, wenn deine Tiefen schwingen.

Doch alles, was uns anrührt, dich und mich,
nimmt uns zusammen wie ein Bogenstrich,
der aus zwei Saiten eine Stimme zieht.
Auf welches Instrument sind wir gespannt?
Und welcher Spieler hat uns in der Hand?
O süßes Lied.

CHRISTA MEVES
Wahrheit befreit
Argumente für den katholischen Glauben gegen die Anwürfe der Moderne aus psychologischer Sicht
3. Auflage, 192 Seiten, DM 19.80, Fr. 18.–, S 164

Das Licht ist nicht unter den Scheffel, sondern auf den Leuchter zu stellen. In diesem Sinne bedarf es eines neuen Selbstbewußtseins unter den katholischen Christen, um die «Neuevangelisierung» Europas froh und kraftvoll anzugehen. Einem solchen Neuaufbruch steht freilich innerhalb der Kirche selbst oft eine defätistische Haltung entgegen, die sich dem liberalistischen Zeitgeist anbiedert und den eigenen Glauben nur teilweise und griesgrämig bejaht: der «Katholikenkomplex». In dieser Situation möchte Christa Meves gleichsam ein Licht anzünden. Als bekannte Psychagogin, Verfasserin zahlreicher Bücher zur Lebenshilfe und seit ihrer Konversion 1987 engagierte katholische Christin, bringt sie dafür beste Voraussetzungen mit, genährt von einer reichen Erfahrung. Das vorliegende Taschenbuch bietet in populärer Form gleichsam eine «Summe» ihres Beitrages zur gegenwärtigen Situation der Kirche. Ein roter Faden, der immer wiederkehrt, ist die Bedeutung der Frau in der Kirche: Gegen den Feminismus betont Meves den unverwechselbaren Eigenbeitrag der Frau, der nicht in Männerhaß und Geschlechterkampf zum Austrag kommt, sondern in einem liebenden Sich-Einbringen, das am Beispiel Mariens Maß nimmt.

Manfred Hauke, Lugano

CHRISTIANA-VERLAG CH-8260 STEIN AM RHEIN

Johannes Paul II.
Brief an die Familien
*Format A 5, 80 Seiten, farbiger Umschlag,
DM 9.80, Fr. 9.–, S 82*
Ja, es stimmt, der Papst hat einen Brief an die Familien geschrieben. Dieser Brief stößt auf größtes Interesse, denn viele unserer Familien sind krank. Doch der Papst weiß Rat. Wie ein Vater spricht er über alle Schwierigkeiten und sagt den Menschen, wie sie es machen müssen, um Gottes Segen zu erlangen. Mit einem brillanten Nachwort ergänzt Christa Meves den Brief des Papstes, indem sie auf dem Boden ihrer Praxiserfahrung die negativen Folgen einer Mißachtung der Familie beschreibt. Ein brandaktuelles Buch, mit seinem farbigen Umschlag auch als Geschenk geeignet.

Ferdinand Holböck
Heilige Eheleute
350 Seiten, 115 Abb., Leinen, DM 39.80, Fr. 35.–, S 319
Wußten Sie, daß es viele heilige Eheleute gibt? Wie sind sie mit all ihren Schwierigkeiten fertig geworden, mit Kinderlosigkeit, langer Trennung, Verschwendungssucht oder Untreue des Partners? Das neue Buch von Prof. Holböck bietet eine eigentliche Eheschule und zeigt uns heroische Beispiele. Die Heiligen sind nicht nur unsere Vorbilder, sie können auch unsere Freunde und Helfer werden. Paulus bezeichnet die Ehe als ein tiefes Geheimnis. Die Welt braucht dringend heile Familien, denn sie sind der Nährboden für das Reich Gottes. Ein kostbares, ein notwendiges Buch.

CHRISTIANA-VERLAG CH-8260 STEIN AM RHEIN

Karl Simpfendörfer
Verlust der Liebe
Auflage: 10 000 Ex., 205 Seiten, DM 21.–, Fr. 19.–, S 173
Seit der feministischen Revolution ist Abtreibung in nahezu allen Ländern der Erde in das Belieben der Frau gestellt. Doch die Menschen, die nach den neuen "Normen" handeln, werden nicht glücklich, finden sich stattdessen betrogen von Umgangsformen und Moralvorstellungen, die geradewegs zum Tod ihrer Kinder führen und sie selbst mit ihrer Gewissensnot allein lassen. Karl Simpfendörfer zeigt auf, daß Simone de Beauvoir die "geistige Mutter" der modernen Abtreibungsgesellschaft genannt werden kann. Die Tragödie einer gottlosen Welt und ihres die Menschenwürde verachtenden Egoismus wird dem Leser eindrucksvoll vor Augen gestellt.

Max Thürkauf
Christuswärts
3. Auflage: 30 000 Ex., 225 Seiten, 34 Abbildungen, DM 15.50, Fr. 14.–, S 128
Eine gewaltige Unruhe hat unsere Zeit erfaßt. Im Osten hat der Materialismus marxistischer Prägung zu einem totalen Zusammenbruch geführt. Aber auch der Materialismus des Westens steht vor dem Bankrott. Die Menschen sind innerlich ausgehöhlt und suchen mit Drogen ihre Depressionen loszuwerden. Im vorliegenden Buch zeigt uns der Philosoph und Naturwissenschaftler Max Thürkauf Wege und Mittel zur Überwindung des Atheismus und wie die Menschen zur Erkenntnis ihres Schöpfers und zum Frieden mit Gott zurückfinden können.

CHRISTIANA-VERLAG CH-8260 STEIN AM RHEIN